英語教育村の真実

世界一の英語好き、世界一の英語下手の
日本人はこうして生まれる

佐藤教育研究所
佐藤誠司

南雲堂

本書の目的は，**非効率な日本の英語教育を少しでも改善するための方策として，「入試問題の質の向上」という観点から1つの具体的なアイデアを示すこと**です。その案は第5章で示します。第1〜4章はそのための理由付けとして，現在の日本の英語教育が抱える構造的な問題点を考えていきます。

　2013年に入り，新聞にこんな記事が載りました。

> 　大阪市の橋下徹市長は31日，市の幹部会議で「文部科学省の英語教育は失敗だったという認識に立ってほしい。子どもたちがこれから国際社会に出て苦労することを考えれば，文科省の学習指導要領なんか無視してもいい」と国の英語教育政策を批判した。橋下氏は市の教育振興基本計画を討議する会議で市教育関係者に，英語を話せる教育をしてほしいと求めた。
> 　　　　　　　　　　　　　　　（1月31日・産経新聞）

> 　下村博文文部科学相は1日の記者会見で，橋下徹大阪市長が文科省の英語教育を批判し「学習指導要領を無視してもいい」と発言したことについて「既に（教育課程）特例校制度で英語教育は柔軟に対応できる。それを知らない発言で，市長としてもっと勉強してもらいたい」と反論した。教育課程特例校制度では，小学校低学年から英語の授業を行うなど，特色ある教育の実施が認められている。一方で下村氏は「受験英語は日本でしか通用しない。国際社会で生かされる英語教育でないことは事実だ」と述べ，政府の教育再生実行会議で議論するとした。
> 　　　　　　　　　　　　　　　（2月1日・産経新聞）

橋下氏と同様の指摘は昔からあります。下村大臣も指摘しているとおり，「**受験英語は日本でしか通用しない。国際社会で生かされる英語教育でないことは事実だ**」という点では，ほとんどの国民の意見が一致していると言ってよいでしょう。では，なぜ日本の英語教育は一向に改善されないのでしょうか。

　筆者はこう考えています。対策をとるためには現状分析が必要です。英語教育を批判する世間の多くの人は，「日本でしか通用しない受験英語」とは具体的にどういうものかがよくわかっていないように思われます。受験対策の英語学習のすべてが悪いわけではありません。問題なのは，**日本の大学・高校入試にしか出ない英語の知識を子どもたちが身に付けねばならない**という事実です。筆者は仕事柄，入試問題の分析を日頃から行っています。プロの目から見た今日の受験英語の問題点を指摘し，それをどう解決するかの具体案を示すのが本書のねらいです。

　入試改革の具体策として，2013年6月に「文部科学省が大学入試センター試験（以下「センター試験」と略記）を5年後をメドに廃止し，到達度テスト（仮称）に切り替える検討を始めた」というニュースが流れました。筆者はこの改革案を，的外れだと考えています。大学入試の改善は必要ですが，その主なターゲットとすべきものはセンター試験ではありません。また，この改革案は多くの課題を抱えており，将来実現するとしても相当の準備期間を要するでしょう。

筆者が第5章で提案するアイデアはもっと規模の小さなものであり，やろうと思えば来年度からでも実行できます。余分な手間も費用もかかりません。むしろこのアイデアが（筆者の知る限り）今まで英語教育関係者の誰からも出なかったのが不思議なくらいです。

　実はそこに，本書のタイトルである「**英語教育村**」の存在が関係しています。この言葉は，福島の原発事故の際に使われた「原子力村」をもじった筆者の造語です。政治・ビジネス・芸術・スポーツなど多くの業界に，「村」と呼ぶべき存在があります。女子柔道選手たちが指導者による体罰を告発して話題となりましたが，スポーツにおける体罰も「スポーツ村」の中だけで通じる特殊な慣行の例でしょう。

　英語教育の世界にも，スポーツにおける体罰にも似た悪しき慣行があります。それが日本の英語教育を阻害していることを多くの関係者は知っているのですが，誰も手をつけようとしない聖域となっています。その基本的な理由は，英語教育村に住む人々（もちろん筆者も含みます）の怠慢です。

　英語教育村の主な住人は，次の4者です。

① 文部科学省の官僚
② 大学・高校の英語入試問題の出題者
③ 高校・中学の英語教師
④ 英語出版物を発行する出版社・著者

　第1～4章では，彼らの罪や怠慢の中身を説明します。そこから第5章の結論が自然に導き出されることになります。

最後に参考資料として「ダメな入試問題」の例を挙げました。現在何らかの目的で英語を勉強している皆さんには役に立つと思います。

　抽象的な話ばかりだと単調だし説得力にも欠けるので，この本には悪問の具体例をたくさん入れました。基本的に学校名は伏せています。大学から「営業妨害だ」というクレームが来るのを避けるためという理由もありますが，それでなくても受験者の減少で経営の危機を迎えている地方の大学を名指しして批判しては気の毒だという思いもあります。英語教育村の仲間に対して筆者なりに情けをかけた，と思っていただいてかまいません。ただしトップレベルの大学・高校については，社会的責任の大きさを考慮して実名を出させていただきました。

　第5章に示した筆者の提案は小さな一歩にすぎませんが，それさえもすぐに実現するのは難しいでしょう。ただ1つ言いたいのは，筆者は英語で飯を食っている一介のライターにすぎませんが，英語教育村の一員として「ダメな日本の英語教育」に加担し続けていることを心苦しく思っており，多少でもその罪滅ぼしをしたいという思いでこの本を書いたということです。本書を読まれた英語教育村の住人の中から，筆者の提案する小さな改革に賛同していただける方が1人で多く現れることを心から願っています。また，日本の英語教育は具体的にどこがダメなのかという点について，本書を通じて一般読者の皆さんに多少でも意味のある情報を伝えられればと思います。

本書には，英語の学習方法や英文法の説明も含まれています。したがって**本書は，一種の暴露本としての性格と，英語の学習書としての性格を併せ持っています。**「英語は全くわからない」という読者にとっては難しい内容も含んでいるので，本書を読んで楽しむために必要な英語力の目安を示しておきます。次の問いはある私立高校の入試問題からの抜粋です。この問いが解けるくらいの英語力があれば，本書中の説明も理解できるはずです。

> **問** ２文の意味がほぼ同じになるよう空所に適切な語を入れよ。
> (a) This problem is too difficult for me to solve.
> (b) This problem is so difficult that I (　) solve it.

　この問いが解けた人にお尋ねします。「この問題はとても難しいので私には解けない」という内容を，あなたは英語でどう表現しますか？もしあなたの頭に (a) (b) のどちらかの文が浮かんだとしたら，あなたは「受験英語の呪い」から解放されていません（詳しくは p.102 をお読みください）。本書ではそのような観点から「学校で教えるダメな英語」の見直しを行います。（この問いの正解は can't です）

本書は特定の個人や団体を糾弾するものではありません。さまざまな立場で英語教育に関わってきた「村」の一員である筆者が，好き勝手なことを書いた気楽な読み物と思っていただけると幸いです。

　本書は内容が内容だけに世に出せるかどうか不安でしたが，南雲堂編集部の加藤敦さんには大変お世話になりまし

た。また，何人かの出版関係者の方々にも原稿に対するご意見をいただきました。ご協力いただいた皆様に謹んで感謝いたします。

はじめに ------------------------------- 3

目次

第1章　　文部科学省の罪 ------------- 11

第2章　　英語入試問題の罪 ----------- 33

第3章　　英語教師の罪 --------------- 69

第4章　　英語出版物の罪 ------------- 87

第5章　　英語入試問題の改善案 ------ 121

参考資料　入試に出題された悪問の例
-------------------- 155

第1章

文部科学省の罪

　文部科学省が全省庁中で最大の「天下り天国」であることは，インターネットで調べればすぐにわかります。文部官僚の大半は天下りによって多額の退職金を手にし国民の血税を浪費しますが，それらは本書のテーマと直接の関係はありません。問題は，彼らの主要な天下り先が大学だということです。文部科学省と大学とは，いわゆるズブズブの関係にあります。そのことが日本の英語教育にどんな悪影響を与えるのかを，この章では考えてみたいと思います。

◆文部科学省と大学の関係

　2012年11月，当時の文部科学大臣だった田中真紀子氏が，13年春に開校を予定していた3つの新設大学の申請を認可しないと発言したことに大きな批判が起こったのは記憶に新しいところです。もちろん何の落ち度もない受験生が被害を受けるのは絶対に避けるべきですが，田中発言が大学認可システムの問題点をあぶり出した面があることも事実です。

　田中大臣は「大学の数が多すぎて教育の質が低下している」と語りました。それは確かに一面の事実ですが，一般の人々は「高卒者の人口がどんどん減っているのに大学の数が増え続けているのはなぜだろう」という疑問を持ったはずです。後の話にも関係があるので，この問題の概要を解説しておきます。

　【参考】文部科学省の「学校基本調査」によれば，18歳人口は1992年には205万人でしたが，2012年には約40％減の119万人となっています。一方で大学設置基準は緩和され，大学の数はこの間に523校から約50％増えて783校になりました。

「大学を新設する」というプロジェクトの当事者は，地方自治体・民間の学校法人・文部科学省の三者です。自治体は「町起こし」のために大学を誘致しようとします。大学を運営できるのは学校法人ですから，たとえばA市の市長がB大学の理事長に「うちの市にも大学を作ってくれないか」と打診します。そこでは当然，両者がどのように費用を分担するかという話になります。典型的な運営形態は「大

学の土地と建物は自治体が用意し、教職員を学校法人が雇用［派遣］する」という半官半民の方式です。学校法人側の負担は基本的に人件費だけですから、その大学の経営がピンチになれば教職員を同じグループの他の大学に異動させることも可能です。このビジネスモデルは、学校法人の側から言えば比較的リスクの少ない商売です。そうでなければ、自治体の誘致を承諾する大学経営者はいないでしょう。

【参考】しかしそれでも、今日では多くの私学が経営の危機を迎えています。私立大学を経営する学校法人は全国に約600ありますが、そのうち4割以上が2011年度収支で赤字を計上しています（東洋経済オンラインより）。

一方、誘致する自治体の方は大変です。「入れ物」は自分で用意する必要があり、その費用の捻出は容易ではありません。たとえば地方債の発行によって原資を確保しようと思えば、総務大臣や都道府県知事との協議が必要です。ここで自治体や首長の政治力が問われることになります。しかし財源さえ確保できれば、あとはほぼフリーパスです。手続き的には文部科学省の諮問機関である大学設置・学校法人審議会で審査が行われますが、そこでは田中大臣の言うような「大学新設の妥当性」が論じられることは決してありません。大学の新設は関係者全員にとってメリットがあるので、反対する者は誰もいないでしょう。

大学の設置に許可を与える文部科学省側のメリットとは、言うまでもなく「天下り先の確保」です。結局、**若者の数が減り続けているのに大学の数が増え続けているのは、自**

分たちの天下り先を増やしたいという文部科学省の思惑が強く働いているからだと結論づけることができます。田中大臣が問題視したのは関係者たちの「談合体質」であり，立場上自分の部下である文部科学省の役人を他人事のように批判することはできなかったのだろう，と筆者は推測しています。

　文部科学省と大学とのこのような関係が，今日の英語教育に対して直接の悪影響を与えているわけではありません。しかし大学が文部科学省 OB の重要な天下り先だという事実は，**文部科学省は大学に対して強い指導ができない**ということを意味します。そのことが，後述するように英語教育の改革を阻む大きな足かせとなるのです。

◆学習指導要領の変化

　英語教育に話を転じます。文部科学省が定める学習指導要領はほぼ 10 年ごとに改訂が行われ，高校では 2013 年度から新しい教科書が使われます。この変更を一般には「新課程」と呼びます。高校の英語の旧課程と新課程の科目を比較すると，次のようになります。○は必修科目（または実質的に必修となる科目）です。

旧課程	新課程
○オーラルコミュニケーションI オーラルコミュニケーションII ○英語I ○英語II リーディング ライティング	コミュニケーション英語基礎 ○コミュニケーション英語I ○コミュニケーション英語II コミュニケーション英語III ○英語表現I 英語表現II 英語会話

　一般の読者には、このような科目名はピンと来ないでしょう。各科目の指導内容の詳細は文部科学省の資料を読めばわかりますが、言葉が抽象的すぎて面白くないのでここでは詳しくは触れません。基本的なことだけを確認しておくと、新課程の「コミュニケーション英語」は「聞く、話す、読む、書く」の4技能を使った学習を、「英語表現」ではオーラル（口述）要素を取り入れた自己表現の学習を行います。新課程初年度の高校1年生が卒業する2016年度のセンター試験では「コミュニケーション英語I」「コミュニケーション英語II」「英語表現I」を出題範囲とすることが発表されており、実質的にこれらが必修科目となります。

　ところで、「自分たちが高校生の頃は、英語の授業はリーダー（読解）とグラマー（文法）だった」という人もおられると思います。しかし今日の英語の科目には「文法」はありません。これは、**文法は独立したものとして教えるのではなく、読んだり書いたりする技能の中で学ばせるべきだ**という考え方がもとになっています。その理念はどこも間違っていません。全くもってその通りです。

ところが現場の高校・中学教師の大半は，現実的な見地からその理念に従いません。「文法は独立して教える方がよい」と多くの教師が考えており，実際に独立して教えています。筆者も元教師ですから，その考えは理解できます。たとえば中学で「関係代名詞」を理解させるためには，同じパターンの文をたくさん提示してドリル学習をさせるのがたぶん最も効率的です。その作業をやらずにいきなり関係代名詞をちりばめた文を読ませたり作らせたりするのは，学習者にとってハードルが高すぎると思います。

しかし現実のカリキュラムには「文法」という科目はありません。教師たちはどんな形で文法を教えているのでしょうか？

◆高校での文法学習の実態

2012年度までの旧課程では，多くの学校で「オーラルコミュニケーション」という授業の中で文法を教えていました。この科目は本来は音声を重視した指導が念頭に置かれていますが，現場教師はそれよりも文法をきちんと理解させることの方が大切だと判断したわけです。「昔の教科書」との関係を端的に対比すれば，次のようになります。

旧課程の必修科目	実質的な学習内容
英語Ⅰ	リーダー（高1）
英語Ⅱ	リーダー（高2）
オーラルコミュニケーションⅠ	グラマー

結局，科目の名前はあれこれ変わっても，やっていることは昔と同じです。実質的に教師たちは，文部科学省の方針を忠実に守っているとは言えません。

　では，新課程でその状況は変化するのでしょうか？答えはノーです。新課程ではたぶんこうなるでしょう。

新課程の必修科目	実質的な学習内容
コミュニケーション英語Ⅰ	リーダー（高１）
コミュニケーション英語Ⅱ	リーダー（高２）
英語表現Ⅰ	グラマー

　つまり授業の内実は何も変わりません。このように，現状の英語教育の中で**「英文法をどう教えるか」**という点で，**文部科学省の掲げる理念と学校現場の指導の実態との間には大きな落差がある**，という点は覚えておいてください。

◆**文部科学省は現場の実態を知らないのか？**

　ここで当然，1つの疑問が起きます。「自分たちが決めた指導方針に現場が従っていないことを，文部科学省は知らないのか？」ということです。そんなはずはありません。知っていて黙認していると考えるのが自然でしょう。では，なぜ黙認しているのでしょうか。

　筆者は内部情報を持っていないので，以下は単なる個人的な感想です。文部科学省の作成した多くの文書はどれも「お役所の作文」そのものであり，誰からもクレームのつかないような抽象的で無難な表現を使うことに腐心している（したがって誰の役にも立たない）という印象を強く受けま

す。結局彼らは,「自分たちが目指しているものは正しい。それを現場が実行できないとしても自分たちのせいではない」という責任逃れをしているように見えます。自分たちの決めた方針が本当に正しいと思うのならもっと強く現場を指導すればいいはずですが,「**努力目標としては掲げるが,実行するのはたぶん無理だろう**」と内心では思っているように思えてなりません。

その最たる例が,新学習指導要領で定められた「**英語の授業は英語で行うことを基本とする**」という方針です。一般の人はその方針に賛成するかもしれませんし,英語教師なら英語で授業することくらいできるだろうと思うでしょう。しかしそれは机上の空論です。教師の能力の問題もありますが,仮に英語教師がペラペラの英語で文章の意味を解説したとしても,生徒がそれを理解できなければ授業として成り立ちません。結局,英語の授業の進め方は従来とほとんど変わらないでしょう。仮にそうなった場合,「文部科学省は現場をきちんと指導しているのか」という批判が出るかもしれません。それに備えて新学習指導要領の解説には「**必要に応じて,日本語を交えて授業を行うことも考えられる**」という責任逃れの文言がちゃんと用意されています。

文部科学省の責任回避の体質は,本書の冒頭で示した新聞記事にも現れています。

> 　下村博文文部科学相は1日の記者会見で，橋下徹大阪市長が文科省の英語教育を批判し「学習指導要領を無視してもいい」と発言したことについて「既に（教育課程）特例校制度で英語教育は柔軟に対応できる。それを知らない発言で，市長としてもっと勉強してもらいたい」と反論した。**教育課程特例校制度では，小学校低学年から英語の授業を行うなど，特色ある教育の実施が認められている。**（以下略）

　橋本市長が指摘したのは日本の英語教育全般の問題点ですが，それに対して「一部の特例校で先進的な英語教育を行う制度はできている（だから文部科学省は悪くない）」と反論しても，何の説得力もありません。しかし大臣が平謝りしたのでは格好がつかないので，文部官僚が知恵を絞って苦し紛れの言い訳を考えたのでしょう。筆者も昔，教育委員会事務局でこの種の答弁シナリオを作る仕事をしていたので，文部官僚の発想は理解できます。ただ，役所がリリースする情報には何らかのフィルターがかかっていることが多いのも事実です。

◆日本より進んだ韓国の英語教育

　日本人の平均的な英語力が韓国人よりも大きく劣っていることは，今や周知の事実です。両者の差が拡大したのは最近のことであり，以前はほぼ同じ程度の英語力でした。

　韓国人の英語力が劇的に向上した理由の1つは，小学校での英語教育の重視です。韓国と日本の小学校の英語教育の現状を比較してみましょう。以下の情報は文部科学省の

ホームページから引用したものです。韓国の小学校から高校までの学年区分は，日本と同様に6年・3年・3年です。

＜韓国の小学校の英語教育＞

韓国で小学校の英語が必修になったのは1997年です。現在は3・4年生で週1時間，5・6年生では週2時間の英語の授業が行われています。ここでは5・6年生の「話す」「書く」という学習の内容のいくつかを見てみましょう。

●5年生
(1) 話す活動
・いくつかの文を使って，注文や質問ができる。
・簡単な単語を聞いて，それについて詳しく説明ができる。
・過去の出来事について話せる。
・基本的な電話での会話が行える。
・記憶に残る過去の出来事について話せる。
(2) 書く活動
・大文字と小文字を区別して書ける。
・実物や絵を見ながら、その単語を書ける。
・聞いた単語を書き取ることができる。
・正しく単語をタイプできる。

●6年生
(1) 話す活動
・日常生活にかかわる課題について自分の意思表示ができる。
・簡単な会話を聞いてテーマについて話すことができる。
・過去や未来のことについて質問したり，答えたりできる。
・理由を尋ねたり，答えたりできる。

> ・基本的な電話での会話を行うことができる。
> ・絵や漫画について話ができる。
> ・簡単な単語を使って，事物を比較できる。
>
> (2) 書く活動
> ・簡単な単語を書くことができる。
> ・口語練習で学んだフレーズや文を書くことができる。
> ・大文字，小文字，句読点が正しく書ける。
> ・簡単な単語を使い，誕生カードやお礼状を書くことができる。

　ここらはおおむね，日本の中学1年生の学習内容に近いと思われます。

＜日本の小学校の英語教育＞

　日本の小学校では，2011年から5・6年生で週1時間ずつの英語の授業が必修になりました。小学校の英語の授業時数を比較すると，韓国（年間34週）の小学生は3～6年生の4年間で204時間となります。一方日本の小学生（年間35週）は，5・6年生の2年間で合計70時間です。**つまり韓国の子どもたちは，小学校を卒業するまでに日本の子どものほぼ3倍の量の英語学習を行っている**ことになります。

　では，日本の小学5・6年生はどんな英語を学んでいるのでしょうか。以下は文部科学省の学習指導要領からの抜粋です。

〔第5学年及び第6学年〕

外国語を用いて積極的にコミュニケーションを図ることができるよう，次の事項について指導する。

(1) 外国語を用いてコミュニケーションを図る楽しさを体験すること。
(2) 積極的に外国語を聞いたり，話したりすること。
(3) 言語を用いてコミュニケーションを図ることの大切さを知ること。

日本と外国の言語や文化について，体験的に理解を深めることができるよう，次の事項について指導する。

(1) 外国語の音声やリズムなどに慣れ親しむとともに，日本語との違いを知り，言葉の面白さや豊かさに気付くこと。
(2) 日本と外国との生活，習慣，行事などの違いを知り，多様なものの見方や考え方があることに気付くこと。
(3) 異なる文化をもつ人々との交流等を体験し，文化等に対する理解を深めること。

また，解説資料には次のようなことも書かれています。

(1) 2学年間を通じ指導に当たっては，次のような点に配慮するものとする。
・外国語でのコミュニケーションを体験させる際には，音声面を中心とし，アルファベットなどの文字や単語の取扱いについては，児童の学習負担に配慮しつつ，音声によるコミュニケーションを補助するものとして用いること。
・外国語でのコミュニケーションを体験させるに当たり，主として次に示すようなコミュニケーションの場面やコ

ミュニケーションの働きを取り上げるようにすること。
〔コミュニケーションの場面の例〕
(ア) 特有の表現がよく使われる場面
・あいさつ ・自己紹介 ・買物 ・食事 ・道案内 など
(イ) 児童の身近な暮らしにかかわる場面
・家庭での生活 ・学校での学習や活動
・地域の行事 ・子どもの遊び など
〔コミュニケーションの働きの例〕
(ア) 相手との関係を円滑にする (イ) 気持ちを伝える
(ウ) 事実を伝える (エ) 考えや意図を伝える
(オ) 相手の行動を促す

　正直なところ，自分が小学校の先生だったら途方に暮れるだろうと思うような内容です。表現が抽象的でどんな学習が期待されているのかわからないという問題もありますが，たかだか週1時間の授業で買い物や道案内の英語を教えられるわけがありません。英語の授業を行うALT（Assistant Language Teacher＝教科指導助手）と呼ばれるネイティブスピーカーが配属されている場合もありますが，絶対数が不足しているため日本人教師が英語の授業を担当するケースが多いのが実情です。しかし教師の研修も足りない上に，コミュニケーション能力の向上と言語習得のどちらを重視するのかが明確でないなどの理由から，現状では「小学校への英語教育の導入は拙速だった」と批判する人の方が多いようです。韓国の小学生との学力差を考えると，そんなことを言っておられる状況ではないと思い

ますが。

【参考】自治体が ALT を正職員として雇用するケースは少なく，多くの場合は民間（英会話学校の講師など）に委託しています。ALT に限らず学校現場では経費節減のため非常勤講師の雇用が急増しています。筆者にも公立高校で非常勤講師をしている友人がいますが，正規の教員よりも多くの授業を持たされている上に給料は激安だとぼやいています。

なお，韓国と日本の小学校の英語学習の内容を比べると，**文字の扱いに大きな差がある**ことがわかります。韓国の小学生は英単語や文を文字で書く学習を行いますが，日本の場合は「音声によるコミュニケーションを補助するものとして用いる」というあいまいな表現になっています。これに関して，文部科学省は次の Q&A を用意しています。

Q 文字指導について，小学校外国語活動ではどの程度まで扱うことが出来るのでしょうか。
A 外国語活動の指導においては，音声によるコミュニケーションを重視し，聞くこと，話すことを中心とする豊かなコミュニケーションを体験させることが大切です。アルファベットなどの文字の指導については，例えば，アルファベットの活字体の大文字及び小文字に触れる段階にとどめるなど，中学校外国語科の指導とも連携させ，児童に対して過度の負担を強いることなく指導する必要があります。また，外国語を初めて学習する段階であることを踏まえると，アルファベットなどの文字指導は，外国語の音声に慣れ親しんだ段階で開始するように配慮する必要があると考えます。なお，国語におけるローマ字の指導については第

> 3学年で行われることから，外国語活動よりも前の学年で既に指導がなされていますが，外国語にはローマ字にはない文字もある点に注意してください。

この回答を要約すれば，次のようになります。

- アルファベットの大文字・小文字を書かせるのは OK。
- 単語のつづりを書かせるのはダメ。

たとえば dog や Thank you. を韓国の小学生は書けるけれど，日本の小学生は書けない，というくらいの差が生じていることでしょう。基本的に英単語のつづりを教えないのなら，紙の教科書は作りづらいことになります。おそらくそれが理由だろうと思いますが，**日本では今のところ小学校の英語は正式の教科ではないため，検定教科書はありません**（文部科学省が指導のための参考資料を配布している程度です）。韓国では「国定教科書と CD-ROM（またはカセットテープ）を全児童に無償で配付している」と文部科学省の HP に書かれています。

参考までに中国の英語教育についても触れておきます。文部科学省の資料によれば，中国では2005年に小学校の英語が全国的に必修となり，3年生（都市部では1年生）から英語を教えています。6年生までに習う単語は600〜700語程度で，これは韓国の小学生が習う単語（450語程度）の数を越えています。日本の小学校では英語は教科扱いされておらず，そもそも「単語を教える」という発想がありません。

◆韓国の大学入試改革

韓国では,政府の主導のもとに2012年にNEAT(National English Ability Test＝国家英語能力評価試験)という試験を導入しました。TOEICテストに代わるものとして開発されたテストで,近い将来に韓国のすべての国公私立大学の入試がこのテストに一本化されることになっています。日本のセンター試験と一見似ていますが,次のような違いがあります。(以下の説明は,安河内哲也さんのオフィシャルブログを参考にさせていただきました。)

> ① 内容はライティングとスピーキング。
> ② 受験者はパソコンを操作しながら回答する。ライティングはキーボード入力,スピーキングは音声を吹き込む。
> ③ 文法問題は出題されない。
> ④ 複数回の受験が可能。

筆者が特に興味を引かれるのは②です。センター試験は全問マークシート方式の選択問題ですが,NEATでは受験者の多様な回答を機械が採点するシステムが導入されていることになります。TOEICテストでも同様の方式が採られているので,センター試験でもライティングやスピーキングを実施することが技術的には可能だと言えます。もしそれが実現すれば,高校での英語教育は劇的に変わることが予想されます。ただし実現の可能性については今のところ全く不透明です。

◆小学校の英語教育は韓国に追いつけるか？

　以上のような現実を見れば,「日本でも韓国と同じような英語教育をすればいいではないか」という意見が当然出るでしょう。実際に, 2013年1月に発足した政府の教育再生実行会議が, 小学校の英語を正式教科にすることなどを含む改革の提言を5月末に安倍首相に提出しました。同会議は大学教育の改革などさまざまな提言を発表しましたが, 位置付けは諮問機関なのでそれらが自動的に実現するわけではありません。中教審（中央教育審議会＝文部科学省の諮問機関）での議論を経て, 最終的には学習指導要領の改訂が必要になります。学習指導要領は約10年ごとに改訂され, 小学校の新学習指導要領は2011年度から実施されています。したがって小学校の英語が正式教科になるとしても, 今すぐにというわけではありません。教員の確保など多くの課題も指摘されており, 条件整備に相当の時間を要するはずです。

　そもそも, 日本と韓国とでは**英語の必要性に対する切実さ**がかなり違うというファクターもあります。韓国の若者が英語を熱心に勉強する最大の理由は, 英語が使えなければ大手企業に就職できないからです。日本では,「これからの国際化時代には英語は必要だ」と誰もが言いますが, そんな抽象的な言葉では学習のモチベーションが上がらない, というのが本当のところでしょう。飲酒運転の罰金と同じです。英語を社内公用語とする楽天・ユニクロやTOEIC高得点者に報奨金を出すソフトバンクのように, 英語がで

きないと入社や出世がでなきない会社を増やすことが，日本人の英語力を高めるためには必要なのかもしれません。

◆入試問題の一本化は可能か？

2013年4月に，自民党の教育再生実行本部が「大学入試にTOEFL（トーフル）テストの受験を義務づけるべきだ」という教育政策を安倍首相に提言しました。TOEFLは主に海外留学を希望する大学生が受験するハイレベルのテストです。大学の講義を英語で読んだり聞いたりするような内容なので，（一般の高校生には歯が立たないでしょうが）成績優秀な高校生には適しているかもしれません。しかしこの提言は筆者から見ると単なる「思いつき」でしかなく，実現する可能性はまずないでしょう。既に国が責任を持って作っているセンター試験があるのに，それを民間団体の実施するTOEFLテストに切り替えるということは，これまでの国の教育政策を否定することを意味します。そんなことを文部科学省の官僚が許すわけがありません。

では，韓国のNEATにならって，日本の大学入試もたとえばセンター試験（あるいはそれに代わる到達度テスト）に統一することにしてはどうでしょうか。実際に民間レベルでは，ライティングやスピーキングを取り入れた全国統一のテストを作ろうという大掛かりな動きもあります。

【参考】その1つが，上智大学が日本英語検定協会と共同開発して2015年度入試から導入するアカデミック英語能力判定試験・TEAP（Test of English for Academic Purposes）です。英語の

4技能（読む・聞く・書く・話す）の能力を測る内容で，他大学への普及を目指しています。インターネット上でサンプル問題が公表されているので，興味のある方は検索してみてください。

センター試験に代わる「到達度テスト」の内容はまだ議論されていませんが，そのテストが「大学志願者を対象とする唯一の統一テスト」と位置付けられるなら，日本の英語教育は大きく変わります。後述するように，現状の大きな問題は私大の入試にあります。私大入試が廃止されれば高校での学習の質が変わり，一般社会人の平均的な英語力の向上も大いに期待できるでしょう。英語教育村の住人，特に英語を教える立場の人たちは，ほとんどがそう思っているはずです。

そして同時に彼ら（筆者を含めれば「私たち」）は，**全国の大学入試問題を一本化することは日本ではほとんど不可能だろう**ということも知っています。読者の皆さんはその理由を想像できるでしょうか。

答えは実にシンプルです。私大が抵抗するからです。なぜ抵抗するのか。**受験料収入が減る**からです。私大の収入の柱は入学金と授業料ですが，受験料収入も一定の比率を占めています。大学の受験料は1回の試験につき2～3万円程度です。近年，「A方式・B方式」「A日程・B日程」などの形で，1つの学部の入試を何回も行う大学が増えています。受験生にとっては受験のチャンスが増えるというメリットがありますが，大学側にとっても受験料収入が増えるという多大な恩恵があります。「この大学に入りたい」

と思う受験生は用意された複数回の入試を全部受けようとします。大学にしてみれば,「客の数が減るマイナスを,客単価を上げることでカバーしよう」というわけです。

　したがって自前の入試を実施できなくなることは,私大にとって収入源につながる死活問題です。韓国のNEATのような全国統一テストの導入に賛成する私大は1つもないでしょう。だったら文部科学省が強い指導力を発揮すればいい？それは無理です。先に述べたように,**私大は文部科学省の役人の大切な天下り先なので,私大がいやがることを強行するのは無理でしょう。**私大の理事や学長の中には,同省から天下ったOBがたくさんいます。私大側にしてみれば,そういう危機を回避するために天下りを受け入れているという面もあるでしょう。文部科学省と大学との癒着が,大胆な入試改革を不可能にしているのです。

　参考までに補足しておくと,かつて私大の収入源にはもう1つの柱がありました。それは,わかりやすく言えば「授業料のぼったくり」です。たとえばこんなケースです。受験生X君がA・Bの2つの大学を受験しました。A大学が第1志望,B大学はすべり止めです。

	合格発表日	入学手続締切日
B大学	2月10日	2月20日
A大学	2月25日	3月15日

　X君は,2月10日にすべり止めのB大学に合格したことを知りました。入学手続きの締切日は2月20日で,この時点で入学金と初年度の授業料を一括して払い込まねば

なりません。A大学に落ちたときのことを考えて，X君は2月20日にB大学に学費を納入しました。そして25日に第一志望のA大学に合格したことを知ります。X君はB大学に払い込んだお金を返してほしいと思いましたが，B大学のパンフレットにはこう書いてありました。

「いったん納入された学納金は，いかなる理由であろうと返還しない」

入学金と授業料の合計額は数十万円以上になります。X君がB大学に納入したお金は，かつては1円も戻ってきませんでした。消費者契約法の施行に伴い，このようなケースでは「入学金は返還不要，授業料は返還すべし」という最高裁判決が2006年に出ました。これによって私大は大きな収入源の1つを失ったことになります。

この例からもわかるとおり，**入試は私大にとって重要な資金調達の機会です**。そのチャンスを私大が自ら手放すことは，絶対にあり得ないと言っていいでしょう。そしてそのことは，日本の大学入試をどう変えるべきかという議論に1つの示唆（あるいは制約）を与えます。それは，大学と癒着した文部科学省に「上からの改革」が期待できない以上，大学側の収入源を伴わない入試改革を目指すしかないということです。それも文部科学省の主導を期待していたのでは実現の目途は立ちません。**民間主導で，大学の財務に影響を与えず，なおかつ実効性のある方策**を考える必要があります。本書の第5章で示す提案は，そのようなリアリズムに基づくものです。

◆文部科学省の罪（まとめ）

　文部科学省という役所の行動原理は，利権（天下り先）の拡大と責任逃れであるかのように筆者の目には映ります。英語に限らず，彼らに大胆な教育改革を期待するのは無理でしょう。センター試験に代わるものとして打ち出された「到達度テスト」の位置付けにも，同省の「腰の引けた姿勢」がうかがえます。本気で入試改革をしたいなら，このテストは韓国の NEAT と同様に「全受験生に課す唯一の試験」とすべきです。そうすれば受験生の負担は大幅に減るでしょう。しかし報道では「文科省は各大学の２次試験で筆記のほかに面接や論文を組み合わせることなども求め，受験生の多様な能力を判断して合否を決める入試への転換を狙う」と説明されています。これでは受験生の負担は少しも減りません。多くの課題を抱えているのは「各大学の２次試験」の方であり，それを（天下り先の私大に配慮して）温存しようという官僚の意図が透けて見えます。

　ここからもわかるとおり，私大入試を全廃する方向での改革は文部官僚にとってもさまざまな利権の喪失を意味するので，政・官・業を挙げての猛烈な抵抗が予想されます。筆者は自分の力の及ぶ範囲で，別のアプローチを第５章で示そうと思います。

第2章

英語入試問題の罪

　この章では，主に英語の大学入試が抱える問題点を論じます。英語学習は「読む，聞く，書く，話す」の4技能の習得を目指します。しかし今のところ「英語で話す力」を入試に課している大学・高校は皆無と言ってよく，スピーキングテストの導入は今後の大きな課題です。たとえばセンター試験でスピーキングのテストを実施すれば，高校の授業にも必然的に本格的な英会話が導入されます。それによって「英語が話せない」という日本人の弱点は大幅に改善されるでしょう。

ただし筆者がこの章で扱うのはそのような大きなテーマではなく，**現状の入試問題が高校生・中学生の英語学習に悪影響を与えている**という問題です。その観点から筆記試験に絞って話を進めます。なお，この章では英語の入試問題の具体例が出てきます。英語は苦手だという皆さんも，学生の頃に戻ったつもりで読んでみてください。英語の勉強にも役立つと思います。

◆**大学入試の種類**

大学入試問題は，次の3種類に大別できます。

① センター試験
② 国公立大学の個別試験（二次試験）
③ 私立大学の個別試験

国公立大の志望者は，①と②の両方を受験して合計得点で合否を判定するのが一般的です。私大では③のほかに「センター利用」という選抜方式を取り入れているところが多くあります。その場合，たとえば定員の8割を自前の入試で選抜し，残りの2割はセンター試験の得点だけで合否を判定します。

地元の国立大を第1志望とする地方の高校生Y君の場合を考えてみましょう。その大学に不合格だった場合，彼は東京の私大へ進学したいと考えています。東京までわざわざ受験に行くのは大変ですが，首都圏で「センター利用」の選抜方式を採用している大学を志望すれば願書を送るだけでOKです。Y君が受験したセンター試験の成績は大学

入試センターからその大学に送られ，合格ラインに達していればY君に合格通知が届きます。書類専攻だけで就職の内定がもらえるようなものです。

　この方式は受験生にとってはチャンスが増えるというメリットがありますが，大学側にも大きな利益があります。その1つが，第1章でも触れた**受験料収入**です。センター利用方式は出願が手軽なので，多くの受験生が利用します。それでも受験料は必要なので，大学側にとってはある意味で濡れ手に粟の商売です。私大がセンター利用方式を取り入れているもう1つの狙いは，国公立大の志望者が「すべり止め」として出願し，結果的に入学してくれることです。彼らは一般入試の受験者よりも好成績であることが多く，大学側には優秀な学生を集められるというメリットがあります。それに加えて受験料収入も増えるわけですから，センター利用方式を採用する私大が増えているのも当然と言えるでしょう。

◆高校生に悪影響を与える大学入試問題とは？

　「大学入試問題が高校生の英語学習に悪影響を与える」とは具体的にどういうことかを説明します。高校入試が中学生に与える影響も同様です。

　読者の皆さんも経験したと思いますが，高校生は限られた学習時間の中で多くの科目を勉強しなければなりません。そのためには，科目ごとの時間配分を考える必要があります。英語学習だけでも，単語を覚えたり，英文を読んだり，

CDを聞いたりと,さまざまな活動があります。それらの学習は基本的には大学入試対策として行うわけですが,それが広い意味での「実用的な英語力」の向上につながっているのなら学習のロスは生じません。つまり,受験勉強が将来社会に出たときにも役立つということです。

　一方それらの英語学習が,**大学入試にしか役立たないものだとしたらどうでしょうか**。この場合,彼らが高校生のときに英語の勉強に費やした貴重な時間は,長い目で見ると無意味だったということになります。大学入試問題は,高校生にこのような非効率な勉強を強いるものであってはなりません。そのようなものは「悪問」と考えることにします。

◆悪問のパターン

　悪問にはさまざまなタイプがあります。英語の入試で出題される悪問のパターンを,もう少し詳しく見ていきましょう。それはたとえば次のようなものです（これらが全部ではありません）。

① 答えが出ない問題

　　要するに問題ミスです。「うっかりミス」と「確信犯的間違い」の2つのタイプがあります。後者の典型は「出題者は選択肢①が正解だと思っているのだが,実は①は正解ではない」といったケースです。英語では,特に文法問題でこのタイプの間違いがよく見られます。うっかりミスは出題者の注意力不足から生じますが,確信犯的

間違いは出題者の知識不足が原因です。

② **無意味な知識を問う問題**

英語で無意味な知識とは,「実用的なコミュニケーションにほとんど,あるいは全く役立たない知識」と考えてよいでしょう。それはたとえば,(受験英語としてはよく知られていたとしても)ネイティブスピーカーが日頃使わないような単語やフレーズ,あるいは彼らも知らないような文法知識などを問う問題です。

③ **学習の成果が得点に反映しない問題**

「弁別力［指数］」という統計学の用語があります。これは受験者の能力がどの程度テストの得点に反映するかを示す数値です。たとえば高校生が絶対に知らないような単語の意味を尋ねる選択問題が出た場合,受験者はヤマカンでどれかを選ぶしかありません。この問いは弁別力が低い悪問と言えます。難関私大ではその種の問題が時に見られます。こうした悪問を避けるためには,出題者は受験者がどんな学習をしているかをある程度知っていなければなりません。しかし大学入試の出題者の中には,高校の学習内容を知る努力を怠って（あるいは知っていながら），必要以上にレベルの高い知識を問う問題を出す人もいるようです。

④ **予備知識の差が得点に影響する問題**

出題者が自分の趣味で選んだ文章を素材とすることがあります。その文章がたとえばマイナーなスポーツ,芸術,音楽など,その分野の知識を持っている受験者が有

利になるようなものは悪問です。もちろん「一般常識としてこの程度は知っておくべきだ」というラインはおのずとありますが。

⑤ 英語の本文よりも設問の方が難しい問題

たとえば長い文章を素材として「本文の内容と一致する英文を選びなさい」という問いがよく出ます。このとき、「本文の意味はわかるのに、選択肢の英文の意味がわからない」というケースがあります。あるいは選択肢に受験者の誤解を誘うようなトラップが仕掛けられていることもあります。本文の意味を理解できた受験者が設問の答えを間違えるというのは、本末転倒の極みです。私大入試だけでなく、センター試験でもそのような意地悪な出題が時々見られます。なお筆者の感想では、このタイプの悪問は英語よりも国語の方に多いような気がします。

これらのほかにも多くの悪問があります。出題者の軽率さから生じたものは、非難されるべきではあってもまだ許容できます。人間ですからミスも多少は出るでしょう。許されないのは**出題者の勉強不足による間違い**であり、英語ではそのような悪問が特に多い気がします。

◆英語の筆記テストではどんな知識を問うべきか？

大学入試問題に限らず、そもそも英語の筆記テストで問うべき知識とは何かを考えてみたいと思います。それには、センター試験の英語と国語の問題を比べてみるのがよいか

もしれません。

　センター試験の英語では、基本的に「コミュニケーションの手段としての英語力」が問われます。一方国語の問題は「現代文（評論・小説）・古文・漢文」という構成であり、読んで意味を理解する力や文学的鑑賞力を問うことがメインだと言ってよいでしょう。ここに、英語と国語という2つの教科に期待されている役割の違いが現れています。センター試験の内容を見る限り、「国語の学習＝日本語で書かれたあらゆる種類の文章を読む力をつけること」と考えられているように筆者には思えます。英語学習に対しても、かつてはそれに近いイメージを持っている教育者も多くいました。それはセンター試験の変化からもうかがえます。

　センター試験（筆記）は6つの大問から構成されています。

大問	出題分野・内容
第1問	発音・アクセント
第2問	文法・語い・会話・作文
第3問	読解（日常的な文章が中心）
第4問	読解（図表入り）
第5問	読解（イラスト入り）
第6問	**読解（論説文）**

　第6問は2007年度までは**短編小説のようなフィクション**が出題されていましたが、当時からあまり評判がよくありませんでした。短い語数でまとまった話を作ろうとするあまり、高校生に読ませるには内容が幼稚すぎたからです。かなり無理をして問題を作っているという印象でしたが、

2008年度から客観的な文章に切り替わりました。それ以前に物語文が出題されていた理由は，たぶん「英文学者への配慮」でしょう。日本の大学で英語を研究する人々の多くは，英文学を専攻対象としています。センター試験の問題中に物語文を入れようと考えた人々が英文科の大学教授たちの顔を立てようとしたであろうことは容易に想像できます。もう少し穏当に言うなら，当時は「文学的鑑賞力も英語学習の重要な一部だ」という認識が関係者の間にあったことになります。**今日では「英語は日常的なコミュニケーションの手段でありさえすればよい」という考え方が以前よりも強くなっており，それがセンター試験第6問の変化に反映している**と解釈できます。それはよい傾向だと筆者も思います。

◆英語の入試問題を採点してみると

筆者の個人的な尺度を使って，英語の大学入試（筆記試験）問題を採点してみたいと思います。採点は減点方式で，「高校生に非効率な学習を強いる問い」や「悪問」に対しては減点ポイントがつきます。出題内容のバランスが悪い（たとえばリスニングの試験がない）という点は減点の対象とはしません。

前述の3種類の入試について，英語の問題を100点満点でざっくり採点すると，次のようになります。

試験の種類	得点
① センター試験	90点
② 国公立大の個別試験	90点
③ 私大の個別試験	**50点**

　ごらんのとおり筆者は、**現在の日本の英語教育をダメにしている「主犯」の1つは私大の入試問題だ**と考えています。

　以下に、減点の理由を説明します。

① センター試験には、悪問はあまり含まれていません。ただし、「ひっかけ」の選択肢や瑣末な語法を問う問題が時々見られるので、満点はつけられません。

② 国公立大の二次試験（大半が記述式問題）は、総じて良問だと思います。たとえば京都大学では伝統的に「英文和訳」「和文英訳」の2つのタイプの問いしか出題されません。これで総合的な英語力が図れるのかという批判もありますが、筆者は悪いことだとは思いません。京大の入試問題で高得点を取るための対策学習は、英語力を伸ばす上でプラスにはなってもマイナスになることはありません。国公立大の個別試験を90点としたのは、出題者の個人的な好みを反映したマニアックな文章や、私大と同タイプの質の低い文法問題が一部の大学で出題されるからです。

③ 私大入試の文法問題には、しばしば出題者の知識不足や受験生に対する配慮のなさが露呈しています。ちゃぶ台をひっくり返したいようなトンデモ問題も毎年出ていま

す。私大のダメな入試問題の例は、後で詳しくご紹介します。

◆私大と国公立大の問題はどこが違うのか？

英語の筆記試験の出題内容は、「読解」「作文」「文法・語彙」の3種類に大別できます。そのほか発音に関する問いは配点比率が低く、会話問題は実質的には語彙の知識や読解力を問うものが多いので、これらは無視します。

大学・学部ごとに違いがあるので一概には言えませんが、先に挙げた3タイプの試験での配点比率はおよそ次のようになります。

試験の種類	読解	作文	文法・語彙
① センター試験	80%	5%	15%
② 国公立大の個別試験	70%	30%	0%
③ 私大の個別試験	60%	10%	**30%**

国公立大の個別試験（②）では文法・語彙の問題はほとんど出ません。一方**私大（③）では、文法・語彙に関する問いがかなりのウエイトを占めています**。ここに大きな問題があるのです。

◆センター試験が果たした役割

第1章では文部科学省をさんざんこき下ろしましたが、同省が果たした功績もないわけではありません。その1つが、1990年から開始されたセンター試験と、その前身の共通一次試験です。

共通一次試験が導入された大きな目的は，悪問を排除することでした。それ以前の大学入試問題では，確かに無茶苦茶な問題がたくさん出題されていました。たとえば筆者は共通一次試験を受験しなかった世代ですが，高校生の頃は入試対策問題集でこんな問題を解いていました。

> **問** 空所に適切な語を入れなさい。
> He is as (　) as a church mouse.

　これはある国立大で1970年代に出題された問いで，正解はpoorです。訳すと「彼は教会のねずみとおなじくらい貧乏だ」となります。as white as snow（雪のように白い）などと同様の直喩表現の例ですが，実生活では何の役にも立たないこのような知識が，昔の入試ではよく見られました。センター試験は導入当時「選択問題では本当の学力は測れない」などの大きな批判がありましたが，**国公立大の入試から悪問を排除する**という意味では大きな役割を果たしました。

　また中学や高校の教科書も，昔に比べると大きく進歩しています。たとえば現在の中学1年生の英語教科書では，買い物や道案内などの日常的な場面を想定した会話の例がたくさん出てきます。これは，文部科学省の「英語によるコミュニケーション能力を養う」という方針に沿ったものです。同省の立場を代弁して言うなら，「自分たちは指導の方針を正しく示している（それを忠実に実行できていないのは現場の責任だ）」ということになるのでしょう。

さて，国公立大の入試は共通一次・センター試験によってかなり改善されました。一方，私大の入試問題は依然として「野放し」状態です（この点が本書の結論に深く関係しています）。同省が仮に「民間の私大に対して強い指導はできない」と言ったとしても，それは建前にすぎません。私大には国から莫大な補助金が出ているのですから，学校でも教科書でも入試でも一定の教育水準を満たさなければ指導の対象とするのが文部科学省の責任でしょう。**私大の英語入試問題の中には，文部科学省が掲げる「使える英語を教える」という観点から見て，イエローカードやレッドカードを出されるようなものが相当に多く含まれている**と筆者は思います。

◆「受験英語は通じない」という言葉の意味
　世間ではよく「日本の受験英語は役に立たない」と言われます。それは一面の事実ですが，少し注意して考えれば**「役に立つ受験英語」と「役に立たない受験英語」**とがあることに気づくはずです。

　前述のとおり，英語の入試で最も配点比率が高いのは読解問題です。読解問題を解くために行った学習は，「役に立つ受験英語」だと言えます。英文を読む力は実社会でも必要であり，大学受験であれ TOEIC テストであれ，必要とされるリーディングの技術に大差はありません。同じことは英作文にも言えます。日本語を英語に直したり，自分の意見を英語で表現したりする技術は，英語学習の中で普遍

的な意味を持っています。

　では,「役に立たない受験英語」とは何でしょうか？それは**文法問題を解くためだけに覚えなければならない知識**です。文法は英語を読んだり書いたり話したりするための手段にすぎませんが，実際の文法学習は入試で得点を取るための目的となっています。高校生は大学入試の文法問題を解く力をつけるために多くの学習時間を費やしますが，そこに大きなムダが生じます。なぜなら，そのようにして身につけた知識は，大学に入学した後はほとんど役に立たないからです。入試対策の文法学習とは，いわば大学の門をくぐる際に支払う通行料のようなものであり，その料金が高すぎるのが日本の英語教育の最大の問題だと筆者は考えています。よく目を凝らして見てください。受験英語のすべてがムダなのではありません。ムダなのは「受験対策の文法学習」なのです。

　誤解のないように確認しておきますが，筆者は「文法学習は不要だ」と言っているわけではありません。**「文法の学習」と「入試の文法問題を解くための学習」とは全く別物です。前者は英語学習の重要な一部ですが，後者は人生の限られた時間の無駄遣いでしかありません。**

◆ダメな文法問題が生み出される理由

　もちろん全部が全部というわけではありませんが，私大では毎年とめどなく「ダメな（実際のコミュニケーションに役立たない無意味な知識を問う）文法問題」が出題され

ています。不謹慎なたとえですが，さながら事故の起きた原発から海へ放射能が流れ出る様を見るかのようです。**私立大学・私立高校入試のすべての文法問題の中で，この種のダメ問題が少なくとも１〜２割含まれている**と筆者は分析しています。

　これにはいくつかの原因がありますが，最も根本的な問題点は，日本人が英語を書いていることです。日本の入試問題なのだから日本人の大学教師が問題を作るのは当然なのですが，残念ながら英文科の大学教授であっても，非ネイティブの日本人がナチュラルな英文を常に書けるとは限りません。

　読解問題なら素材文は洋書から引用するのが普通なので，間違った英語は含まれていないと考えてよいでしょう。ところが１問１答式の文法問題では，いちいち洋書から引用するのは面倒なので，日本人の出題者が英文を作ります。するとたちまちボロが出てしまうのです。身もふたもない言い方ですが，**ダメな問題が世にはびこる根本的な原因は，出題者の英語力が足りないことにあります。**たとえば次のような入試問題を見ると，絶望的な気分になってしまいます。

問 空所に入る適切な語を１つ選びなさい。

One of my best friends, ( ) I have known for seven years, got married recently.

① that　② what　③ who　④ whom

この問題は，箱根駅伝での優勝経験もある首都圏のある私大で，2010年に出題されたものです。文意は「7年来の知人である私の親友の一人が最近結婚した」。出題者の想定した正解は，たぶん④なのでしょう。その人はこう考えたはずです。

　「空所に入るのは目的格の関係代名詞であり，それはwho ではなく whom だ」

　しかし，言うまでもなく③も正解であり，③の方が普通です。whom は堅苦しい語であり，口語では who で代用します。こんなことは高校生でも学校で習って知っているはずです。しかしこの出題者は，そんな基本的な知識も持っていないようです。

　一応出題者のために弁護しておくと，大学で英語を専攻している人々は留学経験もあり，英語で論文も書いています。だからたぶん，英語を読んだり書いたり話したり（？）することはできるのでしょう。しかし**大学教授といえども，英文法の知識については高校生や予備校生だった頃からほとんど進歩していない人が多い**ようです。なぜなら，大学入学後の英語の勉強では，文法は学習の目的ではなく英語を読んだり書いたりするための手段にすぎないので，文法を実用的な英語の使用と切り離して勉強する機会がないからです（本来の文法学習とはそういうものです）。だから入試問題で文法問題を作ろうとすると，昔の記憶を引きずり出して，カビの生えたような古臭い文法知識を尋ねてしまうのです。実際，筆者も高校生の頃に「who と whom の使

第2章　英語入試問題の罪　47

い分け」を学校で習った覚えがあります。ここに引用した問題の出題者も同じでしょう。その人の文法知識はその頃から何も進歩していないということです。そういう人には今日の入試の文法問題を出題する資格はありません。

◆ガラパゴス化した文法知識

　日本の大学入試だけで好まれる文法問題の例をもう1つ挙げておきます。英語の勉強のつもりでお付き合いください。

> **問** 2つの文の意味がほぼ同じになるように，空所に適切な語を入れよ。
>   He has only two dollars.
>   = He has (　)(　)(　) two dollars.

　これは，2010年に西日本のある公立大学で出題された問いです。大学受験生や昔習った受験英語を覚えている人なら「解ける」でしょう。出題者が想定した正解は **no more than** で，文の意味は「彼は2ドルしか持っていない」です。では，この空所に not more than と入れた受験生は，果して○をもらえるでしょうか。こんな問題を出す出題者ですから，おそらく not more than だと×をつけるでしょう。この出題者の頭の中には，おそらく次の「公式」があるはずです。

・no more than ＝ only（わずか～しかない）
・not more than ＝ at most（多くても，せいぜい）

　これは昔から受験英語の定番として教えられてきた知識

です。この公式が正しいとすれば，He has not more than two dollars. は「彼はせいぜい2ドルしか持っていない」という意味を表すことになります。

　筆者はネイティブ（イギリス人）にこの問題を解いてみてもらいましたが，彼は答えを出すことができませんでした。以下，筆者（「筆」）と彼（「ネ」）とのやりとりです。

> 筆：答えは no more than です。
> ネ：それはおかしい。only と no more than は意味が違う。
> 筆：どう違うのですか？
> ネ：He has only two dollars. だと，彼の所持金はきっかり2ドルだ。でも He has no more than two dollars. は「彼の所持金は2ドルより多くない」という意味だから，1ドルかもしれない。
> 筆：つまり，no more than と not more than とは同じ意味だということですか？
> ネ：そのとおり。

　このやり取りを読んで，「そのネイティブの英語がおかしいじゃないの？」と思った読者もおられるかもしれませんね。しかし，現実の英語はこのネイティブが語っているとおりです。たとえば「ロングマン英和辞典」には，次のように書いてあります。

> no more than：(not more than, nothing more than とも)
> たった…だけ，わずか…（否定的にも肯定的にも用いる）
> ・The cottage is <u>not more than</u> five minutes from the beach.
> （コテージは海浜からわずか5分です）

　このように**多くのネイティブは，no more than も not more than も同じ意味で使います**。「両者の意味の違いは，入試に出るから絶対に覚えておくように」と，筆者自身も予備校講師をしていた頃には力説していました。入試に出るという事実は今でもそのとおりですが，英語の知識としては間違っています。このようなものが，日本でしか通用しない受験英語の典型だと言えます。

◆偏差値の高い大学ほど入試問題の質が高いか？

　定員割れを起こしているような地方の私大では，出題者が現実の英語をいかに知らないかを如実に物語るような，極めて質の低い入試問題もしばしば見られます。では，偏差値の高い「難関私大」と呼ばれる大学の問題はどうでしょうか。普通に考えると，それらの大学では教員の能力も高いはずだから，入試でも良問が出題されているだろうと予想されます。

　しかし残念ながら，現実はそうではありません。**大学のランクの高さと入試問題の質との間には，筆者が知る限りほとんど相関はありません**。偏差値の低い大学でも良問を

出すところもあり，逆にトップレベルの私大でも毎年のように悪問を出題するところもあります。結局は，出題者の個人的な能力や熱意に左右される面が強いと言えます。

　ただし，別の事情も考慮する必要があります。1960年代ごろまでの大学入試は私大でも記述式問題で，採点は手作業で行っていました。やがて高卒人口の増加に伴って受験者が急増したため，機械で採点を行うマークシート方式が導入されました。それに伴い，多くの私大で全問が選択式の（番号や記号を選ぶ）問いに切り替わりました。難関私大で難問・奇問が増えた最大の理由がここにあります。センター試験を見ればわかるとおり，トップレベルの受験生は選択問題なら全員が満点近い得点を取ってしまいます。それでは合格者を絞り込むことができないので，出題者は**いかにして点を取らせないか**を考えるようになります。そこで，ほとんどの受験生が知らない瑣末な知識を問う問題が増えてしまうわけです。もしかしたら出題者は，「マークシート方式を採用したのは大学の入試事務局であって，我々はその制約の中で優秀な受験生間に得点差をつけなければならない。だから難問を出すしかない」と考えているのかもしれません。しかし一生懸命に勉強してきた受験生の側から見れば，それは身勝手な言い分です。自分が勉強してきたことの成果を尋ねてくれなければ，努力した意味がありません。

　ここで，「優秀な受験者間に得点差をつけるため」という目的で出題したとしか思えない悪問の例を1つご紹介しま

す。社会的責任の重さに鑑みて実名を出します。慶應義塾志木高校の 2011 年入試の問題です。

> **問** 8つの文の中から正しいものを4つ選べ。(そのうちの1つの文)
>
> She is the only one of the teachers who speaks English very well.

　この文が正しいか誤りかを判定できますか？正解は「正しい」です。who の後ろが speak でなく speaks になることを判断させる，一種の「引っ掛け問題」です。文意は「彼女は教師たちのうちで英語をとても上手に話す唯一の人だ」。who の先行詞は teachers ではなく the only one（単数）なので，動詞は単数で受けて speaks とします。分厚い文法書（たとえばロイヤル英文法（旺文社））の隅に，「先行詞が〈the only one of + 複数名詞〉のとき，関係詞節中の動詞は単数で受ける」という趣旨の説明があります。しかし一般の高校生向けの学習参考書には，この記述はありません。高校生でも知らないことを高校入試に出題するというのも問題ですが，それとは別に筆者がこの問いをなぜ悪問だと思うかは，説明しなければ理解してもらえないかもしれません。

　「意味を考えれば先行詞が the only one なのは明らかだから，関係代名詞の正しい使い方を問う良問ではないか」と思う方もおられるでしょう。筆者が問題にしたいのは，その発想自体が「文法のための文法」しか念頭に置いていないという点です。「彼女は教師たちのうちで英語をとても

上手に話す唯一の人だ」という訳語を考えてみてください。実際のコミュニケーションの中でこの意味を伝えたいとき，私たちはこの問いのような英文を使うでしょうか。答えはノーです。

(a) She is <u>the only one of the teachers</u> who speaks English very well.（この問いの英文）
(b) She is <u>the only teacher</u> (here) who speaks English very well.

実際には(a)でなく(b)を使う人の方が多いはずです。そうだとするなら，(a)のような文を学ぶ意味はどこにあるのでしょうか？こんな重箱の隅をつつくような文法知識を入試問題から根絶しない限り，日本の高校生や中学生の英語学習の効率の悪さは決して解消されません。

◆受験生への温情が悪問を生む構造

偏差値の低い大学では，これと正反対のことが起こります。レベルの低い受験者といえどもそれなりに英語の勉強はしているので，彼らにも解ける問題を出題してやりたい，と出題者は考えます。その温情があだになる構図があるのです。

筆者はこれまでに，いくつかの大学の入試問題（の原案）を作ったことがあります。編集プロダクション経由の仕事なので，それらの問題がどこの大学で使われたのかは知りません（入試問題の漏洩を防ぐために，外注のスタッフには依頼主である大学の名前は知らされません）。

その種の仕事では，しばしば「平均点が6割程度になるように」という条件がついています。統計学的な観点から言って，平均点が低すぎると受験者の実力が正確に測れないからです（センター試験も平均点が6割前後になるように作られています）。ところが，100点満点で平均点が60点前後になるような問題を作るのは楽ではありません。入試問題の作成を外注するのは地方のあまり人気のない（偏差値の低い）大学が多く，受験者の学力レベルは高くありません。全問選択式とは言え，そんな受験生たちに60点前後の得点を取らせようとすれば，相当に易しい問題を作ることになります。

　では，「易しい問題」はどのようにして作ればよいか？それは，**定番の文法問題**を出すことです。長い英語の文章を読んで答えさせる読解問題は，受験者の質によって得点率が大幅に変わります。学力の低い生徒の中には，英文が並んでいるだけで拒否反応を示す者がかなりいるのが現実です。しかし英語の文章を出題しないわけにはいかないので，選択肢を全部日本語にするなどして易しい問いを作ります。一方文法については，「受験生なら誰でも解けるような問題」を出します。たとえば次のような問いです。

問 空所に入る適切な語を1つ選べ。

I couldn't make myself ( ) in English.
　① understand　② understood
　③ understanding　④ to understand

これは2006年のある私大の出題例です。正解は②で，文の意味は「私は英語で話が通じなかった」。**make oneself understood**（自分の意思を通じさせる）は入試の定番表現で，毎年多くの大学で出題されています。

　このような丸暗記が通用する問題は，総じて正答率が高くなります。英語の苦手な受験者でも，多少でも受験勉強をしていれば「あ，これは知ってる！」と思うはずです。受験生が頑張って覚えた知識を使って正解を出してくれれば，出題者としても嬉しいわけです。そのようにして「受験で定番の知識」はますます固定化されていきます。

◆大学受験でしか役に立たない知識

　以上のような事情もあるので，特に偏差値の低い私大の入試に定番の知識を問う問題がずらりと並んでいても，出題者の気持ちは理解できますしあまり責めたくもありません。ただし，その知識が日常的にも利用価値が高いものである限り，という条件付きです。実際は**入試にはよく出るが実用性は低い文法知識や表現**が無数に見られます。一例

> **問** [ ]内の語を正しく並べ換えよ。
> 彼はけっして人の悪口を言うような人ではない。
> He is the [person / to / of / speak / last / ill] others.

を挙げてみましょう。

　これは2002年のある私大の問題です。正解は (He is the) last person to speak ill of (others). となります。the last（最も〜しそうにない）と speak ill of（〜の悪口を言う）を組み合わせた，典型的な受験英語と言ってよいでしょう。

「〜の悪口を言う」を英語で何と言うか？と尋ねると，おそらく 10 人中 10 人の受験生が speak ill of と答えるはずです（この表現を知っていればの話ですが）。しかしこのフレーズは，日常的にはほとんど使われません。たとえば「ウィズダム英和辞典」（三省堂）では次のように説明されています。

Don't *speak ill of* the dead.（死者の悪口を言ってはならぬ）などの格言的で古風な表現で好まれ，日常生活で使われることは((まれ))。

このようなことはちょっと辞書を調べればわかること（あるいは英語のプロなら知っていて当然のこと）ですが，speak ill of は受験英語では今でも非常によく見かけます。

上の入試問題には，もう1つのマイナス面があります。このような入試対策学習ばかりをしていると，「彼はけっして人の悪口を言うような人ではない」という日本語に相当する普通の英語を，いつまでたっても習得できないということです。この日本語を素直に英訳すれば，He never says bad thing about others. となるでしょう。こんなシンプルな文を作る力さえ，多くの高校生が現在行っているような受験勉強では身につかないのです。

なお余談ですが，今日では「私大の入試問題を民間業者が請け負って作成する」というビジネスはほとんど消滅しているはずです。地方の私大は定員割れしているところも

多く，入試問題の作成を外注すればそれだけ経費がかさみます。そこでこれまで外注で入試を作っていた大学も，自前で作成する方針に切り替えています。では，それらの大学はそもそも，なぜ入試問題の作成を外注していたのでしょうか。それはたぶん，「うちの教員の力量ではまともな入試問題は作れない」と事務局が判断したからでしょう。これからはその教員たちが入試問題を作るわけですから，私大の入試問題の質は今後さらに下がっていくかもしれません。

◆入試問題作成者の意識の低さ

私大の入試問題を見ていると，「出題者はどれだけ真剣に問題作りに取り組んでいるのだろうか」と疑問に思うことがよくあります。大学受験は若者にとって人生を賭けた戦いですが，入試の出題者は軽い気持ちで仕事をしているような気がしてなりません。

入試問題にミスがあった場合，その問いに対しては全員に得点を与えるのが普通です。しかし，それでミスの責任がカバーできるわけでは決してありません。受験者はその間違った問題の正解を出そうとして必要以上の時間を費やし，結果的に他の問題を解く時間が足りなくなってしまうかもしれないからです。

たとえば，次の問いを見てください。これは**早稲田大学**（2012年・人間科学部）の問題です。

> **問** 下線部が誤っているものを1つ選べ。誤りがなければ (E) を選べ。
>
> I decided to (A)<u>stay home</u> from work, (B)<u>despite</u> I was (C)<u>almost completely</u> (D)<u>recovered from</u> my cold.
> (E)NO ERROR

　文意は「風邪はほぼ完全に治っていたが，私は仕事を休んで家にいることに決めた」です。出題者の想定した正解は (B) でしょう。despite（〜にもかかわらず）は前置詞なので，接続詞の though[although]（〜だけれども）に変える必要があります。

　しかしこの文は，despite を though に変えただけでは正しくなりません。優秀な受験生ならそれに気づくはずです。recover（回復する）は自動詞なので，たとえば「私は風邪から回復した」は I (have) <u>recovered</u> from my cold. です。I <u>was recovered</u>（回復させられた？）のように受動態にすることはできません。したがって正しい文にするためには，despite I was → though I had と変える必要があります（ネイティブに確認済みです）。had recovered は過去完了形で，though 以下は「私は風邪からほぼ完全に回復していたけれど」の意味になります。was には下線が引かれていないので変えるとすれば recovered ですが，出題者はそんなことは考えていなかったでしょう。**要するにこの問いは解答不能です**。大学側が採点をどう処理したかは調べていませんが，出題者が軽率だったとしか言えません。できる受験生

は，この問いで (B) と (D) のどちらを選ぶべきか大いに悩んだことでしょう。このような「あってはならないミス」が，大学のランクにかかわらず毎年のように発生しているのです。

また，私大入試（および国公立二次試験）では一般に**大学が正解を公表することはありません**。ここに１つの逃げ道があります。予備校講師などの受験英語のプロが解いても答えの出ない問いが，特に偏差値の高い大学ではよく見られます。出題者が正解を公表すれば，たぶん英語の専門家から「この答えは間違っている」「これは答えが出ない悪問だ」といった非難が続出するでしょう。そのような批判が怖くて正解を公表できない，というのが真相だと思います。

なお，早稲田大学の問題ばかりけなしては不公平（？）なので，「御三家」のうち他の２つの大学の入試からも悪問を１つずつ抜粋しておきます。まず**慶應大**から（2003 年・看護医療学部）。

> **問** 下線部に誤りを含むものを１つ選べ。
> I felt ①<u>very</u> ②<u>alone</u> when I ③<u>moved</u> out of my parents' house ④<u>for</u> the first time.

文意は「私は両親の家から初めて転出したときとても孤独に感じた」。alone は very で修飾できないので，①の very を取り除けば正しい文になります。そういう意味では

①が正解ですが、出題者は「正解は②。alone は lonely でなければならない」と考えた可能性も充分あります。したがって、①と②の両方が正解として成り立ちます。出題者が用意した正解は1つでしょうから、この問いで×をもらった受験生は気の毒としか言いようがありません。次は**上智大**の入試問題です（1997年・文学部）。

> **問** 空所に入る適切な語句を1つ選べ。
>
> How long ( ) in Japan until now?
> ① were you　　② are you
> ③ have you been　　④ have you lived

　文意は「あなたは今までに日本にどれくらい（の期間）いましたか」ですが、どう考えても③も④も正解でしょう。念のためネイティブに聞いてみましたが、その通りでした。出題者の意図が皆目わかりません。

　以上のように、一流大学の問題だからといって必ずしも良問ばかりとは限りません。もちろん文法問題以外にもヘンな問いはあるのですが、悪問が最も集中しやすいのは文法問題です。

◆ネイティブチェックはどうなっている？

　どこの大学にも、教授や講師としてネイティブスピーカーが在籍しているはずです。だから日本人の出題者が作った入試問題でも、ネイティブにチェックしてもらえば間違いや不自然さは修正できるはずです。ところが実際には、入

試問題には「ヘンな英語」がつきまといます。極端な例を1つ挙げてみましょう。

> **問** 空所に入る適切な文を下から1つ選べ。
> A : I love raw fish. ― B : ( ).
> ① I don't. ② What do you love?
> ③ Do you love raw fish? ④ Don't you love raw fish?

　これは2010年にある私大で出題された問いです。Aさんは「私は生の魚が大好きだ」と言っています。では、Bさんの返答として正しいのはどれでしょうか？
結論を言えば、①も②も③も正解です。①なら「ぼくは好きじゃないよ」、②なら「何が好きなんだって？（よく聞き取れなかったのでもう一度言ってくれ）」、③なら「君は生の魚が好きなのかい？（それは驚きだ）」という意味になります。この出題者がもしも原稿をネイティブに見せていたら、「この問いは答えが1つに決まりませんよ」と必ず指摘されていたはずです。学内にネイティブが一人もいなかった？そんなはずはありません。この大学の名前は「〇〇国際大学」です。

　では、「**学内にネイティブはいるけれど、入試問題のチェックを頼んでいない**」というケースがあるとしたら、それはなぜでしょうか？たとえば、大学の入試問題作成事務局が次のような点に配慮した可能性が考えられます。
(1)関係者が増えるほど問題漏洩のリスクが高まるので、出題者しか内容を知らない仕組みにしたい。（そうすれば

万一問題が事前に漏れた場合でも，出題者が「犯人」だと特定できる）
(2) 出題者の先生は気難しい人だ。ネイティブにチェックさせた結果，万一自分の原稿が訂正で真っ赤になって戻ってきたりしたら，話がややこしくなりそうだ。
(3) 事務局としてはミスのないようネイティブにチェックしてもらいたいのだが，出題者がどうしてもそれを嫌がるので仕方がない。（間違いを指摘されるのが恥ずかしいのだろう）

　これらは筆者の勝手な憶測です。どれかの推測が正しいと思うかどうかは，読者のご想像にお任せしましょう。

　第2の可能性として，「学内のネイティブにチェックしてもらったのだけれど，それでもヘンな英語が出題された」というケースも考えられます。その理由も勝手に想像すると，たとえば「出題者のご機嫌を損ねないように」と事務局がネイティブに手心を加えてもらうよう頼んだ可能性があります。あるいは頼まれたネイティブ自身が自主規制して，不自然な英語でも見逃したのかもしれません。自分より偉い教授の先生が書いた原稿に「あなたの英語，間違ってますよ」とは言いづらいし，逆恨みされて自分の出世に響くかもしれません。ネイティブも人間であり，大学という組織の一員ですから。

　なお，日本に方言があるように，ネイティブ同士の意見が食い違うことはよくあります。むしろ一致することの方が少ないくらいです。たとえば be different from（〜とは

異なる）という慣用表現は，イギリス人なら「be different to も普通に使う」と言います。一方アメリカ人は to は使わず，be different than を好みます。このように日本で教えられている標準的な文法や語彙の知識と，英米で実際に使われている表現の間にはかなりの落差があります。ネイティブの意見が常に適切だとは言えませんが，イギリスでもアメリカでもほとんど使われないのに，日本の大学入試にだけはよく出るような表現がたくさんあることもまた事実です。

◆**入試問題作成者の言い訳**

p.55 で「定番の文法問題ばかりを並べる出題者を一概には責められない」と述べました。しかし出題者がそういう問題作りに慣れてしまうと，英語としての自然さや日常的な使用頻度に無頓着になってしまいます。たとえば入試でよく出てくるフレーズの1つに，次のようなものがあります。

I make it a rule to get up at six in the morning.
（私は朝6時に起きることにしている）

make it a rule to ～は「～することにしている」の意味で，入試では非常に好まれる表現です。しかしこの文の内容を相手に伝えたければ，I usually [always] get up at six in the morning.（私はふだん［いつも］朝6時に起きる）と言えば済むことです。make it a rule to のような長った

らしい表現は，日常的にはあまり使いません。

しかしこんな問題を作る出題者は，次のような弁解をするかもしれません。

「このフレーズは，受験生なら多くの者が知っているはずだ。文法参考書にも載っているし，学校でも習っているだろう。高校生が学校で習った知識を大学入試に出して何が悪いのか」

特に偏差値の低い大学の入試問題作成者は，多かれ少なかれこのような意識を持っているはずです。そこには「自分は悪くない。悪いのは高校や参考書だ」という責任回避があります（そこまで深く考えていない人も多いでしょうが）。

◆「代替わり」に期待するしかない？

「高学歴ワーキングプア」という現象が話題になったように，今日では大学教員の職は極めて狭き門です。1件の就職口に100人単位の応募があるのも普通だと聞きます。学生の数が減っているので大学教員の採用が少ないのは当然ですが，それでもベテラン教授の定年退職で空いたポストを埋めるために採用される人はいます。その人たちは厳しい競争に勝ち残った非常に優秀な人材でしょう。たくさんの資格を持ち，英語のいろんな勉強をしてきているはずです。そういう人々が大学教育の主力になれば，入試問題の質も改善されるはずです。

ベテランの大学教員の多くは自分を教育者ではなく研究

者だと考えており，授業さえ時間の浪費だと思っている人も少なからずいます。そんな人が入試問題の作成に力を入れることを期待するのは，最初から無理なのかもしれません。しかし比較的若い教員は，組織の一員としての働きをすることに慣れています（最近は全教員が学生の就職口を確保するための企業訪問などに駆り出されることも多いようですが）。失職すると再就職が難しいことも十分にわかっているので，リストラされないよう事務局の指示に従順な人も多いはずです。ベテランから若手への出題者の切り替えが進むにつれて，入試問題が改善されていくことを期待します。

◆高校入試の問題点

　高校入試の問題にも，大学入試と全く同じことが言えます。まず公立高校の入試問題は，原則として都道府県単位で同じ問題が出題されます。多くの都道府県では，筆記試験の問題は総合読解問題（長い文章や会話にいくつかの設問を加えた問題）が中心です。文部科学省が「文法は独立したものとして教えるべきではない」という指導をしていることもあって，**今日の公立高校の入試では文法問題はほとんど出題されません**。筆記試験に関しては「読んで理解する問い」「自分の考えを英語で表現する問い」がほとんどです。一口で言えば，**公立高校の入試問題は総じて良問**です。中学生がこのような入試の対策学習をすることには，益はあっても害はないと言えます。

その対極にあるのが，私立高校の入試問題です。私立の場合は各校が独自に作りますが，筆者が見るところ問題の質に相当な格差があります。「目指す教育が違うのだから，入試問題にも個性があっていい」という主張もあるでしょうが，**望ましい英語学習に背を向けたような質の低い入試問題を出題する私立高校の出題者には，大いに反省してもらう必要があります**。特に問題が大きいのが，いかにも古めかしい文法問題，とりわけ**書き換え問題**です。一例を挙げます。

> **問** 2つの文の意味がほぼ同じになるよう，空所に適切な語を入れよ。
>
> Kyoko runs the fastest in her class.
> = Kyoko runs (　) than (　) (　) student in her class.

　これは 2011 年に関東のある私立高校で出題された問題です。正解は順に faster, any, other。上の文は「京子はクラスで一番速く走る」，下の文は「京子はクラスの他のどの生徒よりも速く走る」という意味になります。〈比較級+ than any other ～〉(他のどの～よりも) は大学入試でも頻出の定番表現です。

　しかし筆者は，この問いも悪問だと思います。英語を実用的に使うという見地から考えたとき，下のような文を作る力は必要ありません。「京子は走るのがクラスで一番速い」は，Kyoko runs (the) fastest in her class. と表すのが最も普通であり，この文が作れさえすれば他の知識は必要あり

ません。

　入試問題の作成者には，学生は何のために英語を学ぶのかということをよく考えていただきたいと思います。入試の文法問題を解くためだけに実用性の低い知識を暗記するという努力は，彼らの人生にとって貴重な時間の浪費でしかありません。

　私立高校（および私立大学）は人事異動が少ないので，入試問題の作成者が固定化されがちです。「先輩が作った問題を，若い自分が批判するのは失礼だ（疑問点があっても口に出す勇気がない）」と思っている教員はいないでしょうか。教師は学習者に対して責任を負う立場ですから，彼らの利益を最優先に考えて「言うべきことは言う」という姿勢で行動してもらいたいと思います。

◆**入試問題の罪（まとめ）**

　入試問題のすべてが悪いわけではありません。悪いのは，大学入試でも高校入試でも「**時代遅れの［実用性の低い知識を問う］文法問題**」です。そして，それらの問題を出題するのは主に**私立の大学・高校**です。入試の出題者の中には勉強不足の人もいますが，それがわかっているのに怠けている人もいれば，自分が昔習った受験英語の洗脳が解けないまま何の疑問も持たずに悪問を再生産している人もいます。そのようなガラパゴス化した受験英語がなくならない背景には，一種の「談合」があります。本人たちに自覚があるかどうかはともかく，現状を温存する方がみんな楽なのです。本書が指摘しようとしているのはその点です。

第3章

英語教師の罪

　子どもたちの英語力が思ったように伸びない責任は，当然中学や高校の教師にもあります。ただし，いじめの問題と同じように，すべてを教師の責任に帰すことはできません。この章では，**教師が「その気になればできること」を避けているために起こる英語教育上の弊害**を論じます。筆者も元教師ですから，現実的に不可能な抽象論を語るつもりはありません。この章は特に学校現場の先生方に読んでいただきたいと思っています。

◆**大学生の英語力はどのくらい？**

　近年，多くの大学が「リメディアル」と称する補習授業を行っています。リメディアル講座はもともと理系の学部で盛んに行われていました。特に私大の理系学部の入試は「英語＋数学＋理科1科目」というパターンが多いので，たとえば大学の農学部に進学した学生が高校生のときにまじめに勉強したのは生物学だけだった，というケースが起こります。この場合，大学に入ったら化学のリメディアル授業を受講することになります。生物学と化学はどちらも農学を学ぶ際に必要だからです。

　同様の授業は理科以外の教科でも行われており，特に偏差値の低い大学ではしばしば英語のリメディアル講座を開いています。筆者は大学生向けのリメディアル教材も何冊か執筆していますが，よく売れるのは**中学英語のやり直し**を扱った教材です。そのタイプの教材の内容は，たとえば「不規則動詞の活用（例：eat – ate – eaten）」などの中学1年生レベルの学習です。こうした教材が大学で多く採用されていることからも，現在の日本の大学生の英語力がいかに低いかは容易に想像できます。

◆ **TOEIC テストの流行による状況の変化**

　1990年代ごろまでの大学生（特に文系学部）の多くは，「卒業証書をもらえればいい」という感覚で授業を受けていたように思います。大学で学んだことが仕事に直接役立つわけではないので，大学の講義を通じて知識を身に付ける

というモチベーションは高くなかったはずです。

　しかし現在の大学生は，こと英語に関しては有無を言わさず勉強に駆り立てられる状況があります。この変化を生み出したのが，TOEICテストの流行です。今日では**多くの大学でTOEICテストを学生に強制的に受験させており，基準点に達しない者は進級させない大学も出てきています。**高校生が大学受験のためにいやでも英語を勉強せざるを得ないのと同様に，大学生にはTOEICテストという壁が立ちはだかっています。したがって，少なくともTOEIC対策の授業はまじめに受講する学生が多いでしょう。就職時に履歴書に書けるくらいの点数がほしい，と多くの学生が思っているはずです。このようにTOEICテストは，大学生の英語学習の動機付けとしてプラスの役割を果たしています。

　ただし，実際に受験したことのある人ならわかるとおり，TOEICテストの内容は著しくビジネス英語に偏っており，実務経験がない大学生には大きなハンディがあります。たとえば売買契約書や保険証書などの英文が出題された場合，大学生にとっては「日本語訳を読んでも何が書いてあるのかわからない」というケースもありそうです。これでは英語の試験とは言えません。韓国がTOEICから自前の統一テスト（NEAT）への切り替えを進めているのも，TOEICテストのそうした問題点が背景にあります。

◆**多忙な高校・中学教師**

　今日では，多くの大学生・社会人がTOEICテストを強制的に受験させられます。しかし現役の中学・高校教師の中には，このテストを受けたことのない人も大勢いるはずです。TOEICテストは990点満点ですが，履歴書に書いても恥ずかしくない得点の目安は650〜700点くらいでしょう。そして，中学・高校教師の全員がTOEICテストを受験したら，予想される平均点はだいたいこれと同じくらいではないかと言われています。「英語で飯を食っているならもっと高得点を取れるのではないか」と一般の人は思うかもしれませんが，残念なことに英語教師はいったん仕事を始めると，自分の英語力を伸ばすチャンスがなかなかないのが実情です。それは言うまでもなく，学校現場での業務が忙しすぎるからです。筆者もかつて中学・高校で教えていましたが，テスト作り，成績管理，学校行事，生徒指導など，ある程度生活を犠牲にするしかないほど多忙でした。

　したがって，指導現場の英語教師が本来期待されるほどの英語力を持っていないのは，ある程度致し方のないことです。実情は他の教科も似たり寄ったりですが，英語教師だけが槍玉に挙げられやすいのは，実社会での英語の必要性が高いことの裏返しとも言えます。

◆**英語教師が持っている知識のベース**

英語教師になるための標準的なルートは，大学の文学部（英

文科）を卒業することです。専攻がドイツ語やフランス語など他の言語であっても，それに加えて英語の単位を余分に取得すれば英語教師の免状がもらえます。

　では，そのようにして英語教師になった人々が学習してきた英語とは，どんなものでしょうか。これは２つの段階に分けて考えることができます。

　まず，中学・高校で習った英語の知識です。多くの学生にとって，高校までの英語学習は受験対策がベースになります。したがって彼らが身に付けている英語力とは，受験英語の知識だということになります。前述のとおり受験英語の中には無意味な知識も相当に含まれていますが，高校生には無意味な知識と大切な知識とを区別する力はありません。

　次に，大学で学ぶ英語を考えてみましょう。英文科の場合は，イギリス文学，アメリカ文学，英語学（言語学の一分野）などを学びますが，基本的な学習内容は英文の講読，文学史，英語学概論，英作文などです。リスニングなど実用的な英語を学ぶ選択講座はありますが，それがメインではありません。また，大学院へ進めば留学するのが普通ですが，４年で卒業する場合は留学経験を経ないで教師になる学生が大勢います。

　つまり中学・高校教師には，世間の人々が期待するような「使える英語」が身に付くような学習環境に身を置いたことがない人が多いのです。英語が使えない英語教師が多い原因はここにあります。そんな教師に「使える英語」を

教えろと言っても、能力的に難しい面があるのは致し方ないでしょう。

◆**誤った知識が継承されるプロセス**

教師の英語力のベースの1つが受験英語であり、昔も今も中学・高校の英語指導が受験対策を念頭に置いたものであるなら、必然的に**自分が習った受験英語の再生産**という事態が起こります。大学の入試問題作成者が自分の知っている受験用の文法知識をそのまま使って問題を作るのと同じです。その種の知識は、本人が20代であれ50代であれほとんど変わりません。彼らに受験英語を教えてくれた側（たとえば予備校講師）も、自分が教わった歪んだ知識を連綿と引き継いでいるのですから。

その受験英語の知識が将来も役に立つのなら問題はないのですが、いかんせん多くの間違い（実際の英語とのギャップ）を含んでいます。スポーツ指導の中で体罰の習慣がなかなか消えないのを見てもわかるとおり、若い頃に身につけた知識や習慣を修正するのは容易ではなく、そもそも「直さなければいけない」という自覚も本人には起きません。教える側のそうした精神構造が、日本でしか通用しない受験英語を学校の英語教育の中にいつまでも生き長らえさせているのです。

◆**学校での文法学習の実態**

ここで少し視点を変えて、今日の学校現場で英文法がど

のように教えられているかを見ておきます。現在の中学・高校の多くの教科書では文法学習がいわば「オマケ」扱いになっており，昔の教科書に比べて体系的な学習が軽視されていることは事実です。以下に1つの例を挙げます。

「不定詞」は中学2年の学習範囲です。ある教科書のあるレッスンに，I want to eat lunch.（私は昼食を食べたい）のような形が出てきます。多くの教師はこの例を使って，「動詞＋不定詞＝～することを…する」という形があると説明します。この文では，「want to eat＝食べることを欲する→食べたい」です。次に，try to ～（～することを試みる），begin to ～（～することを始める）など，他の動詞を使って同様の意味を表す形をまとめて示します。これによって「動詞＋不定詞」という一般形（不定詞の名詞的用法）を学習者に定着させるわけです。

しかしこの教科書では，そのような一般形は示しません。ただwant to ～という形を教えるだけです。そして次のレッスン以降では，try to ～やhope to ～などの似た形が何の説明もなく出てきます。ここには，文部科学省が求める望ましい文法の指導方法が反映されています。そのポイントは，**学習者の「気づき」を重視する**ということです。この例の場合, want to ～, try to ～, hope to ～のような形を（あえて一般形を説明しないで）ランダムに出すことによって，そこに「動詞＋不定詞」という一般的な表現方法があることを学習者自身に発見させようというのです（かなり荒っぽい説明ですが，大筋では間違っていないはずです）。

読者は，このような文法の教え方をどう思われるでしょうか。筆者は基本的に，中学生に対して文法をこのように教えることには反対です。失礼を承知で言えば，国立大付属中学の優秀な生徒しか相手にしたことのない偉い大学教授が考えそうなことです。車の運転にたとえて言えば，教習所のコースでの練習を経ずにいきなり路上運転させるようなものだと言ってもいいでしょう。そしてたぶん，多くの中学教師も筆者と同じ思いを抱いていると思います。第1章でも触れましたが，文法指導に関する文部科学省の方針と，多くの現場教師が望ましいと考え採用している文法指導との間には，相当に大きなギャップがあります。次にご紹介する事例は，それを如実に反映したものです。

◆ 2013年度教科書採択市場でのある「事件」

　学校の教科書を出版している会社は，シェアの拡大にしのぎを削っています。公立の中学・高校は，同じ地域間で教育の質に格差が生じないようにという理由で広域採択というシステムを採用しており，同一の市町村で使う教科書は1つに統一しなければなりません。そこで教科書出版社の営業マンは，教科書採択の権限を持つ教育委員にあの手この手のアプローチを行います。1件の契約が取れればその市町村の全学校が自社の教科書を使うことになり，会社に莫大な利益が入るからです。伝え聞く話では相当にきわどい「接待」もあるようですが，本書のテーマから外れるのでそれには触れません。

そうした教科書営業マンたちの活動現場で，**ある高校教科書が 2013 年度から使用される教科書の採択市場を席巻しました**。次の記事は，2013 年 3 月 27 日の毎日新聞に掲載されたものです。

> 　高 1 対象の多くの教科書は 11 年度に検定を終え，今春から使われる。このうち「英語表現 1」（全 17 点）の採択では，特定の 1 社の 2 点がシェアの 46％を占めた。従来のタイプに近い文法重視の教科書だ。
>
> 　この教科書を使うことを決めた都内のある進学校の男性教諭は「レベルの高い大学に生徒を入れるには，特に 1 年生できちんと文法を教えざるを得ない」。別の教科書会社の編集者は「まるで文法のワークブック。新指導要領の趣旨からかなり外れているように見えるのに，なぜ検定を通ったのか疑問だ」と話す。この会社は，今回も「英語表現 2」で 1 点が検定を通過した。現場の支持が集まれば，追随する教科書会社が出ることも予想されるが，文科省は「各校が最も適切な教科書を選んでいるのだろう」と静観する構えだ。

　この教科書の牽引力によって，それまで業界内でのシェアが高いとは言えなかったその出版社（仮に A 社としておきます）は，2013 年度の高校英語教科書の採用率でトップに立ったと言われています。

　次に p.16-17 の表をもう一度示します。上が高校の旧課程，下が新課程の必修科目です。

<旧課程>

旧課程の必修科目	実質的な学習内容
英語Ⅰ	リーダー（高1）
英語Ⅱ	リーダー（高2）
オーラルコミュニケーションⅠ	グラマー

<新課程>

新課程の必修科目	実質的な学習内容
コミュニケーション英語Ⅰ	リーダー（高1）
コミュニケーション英語Ⅱ	リーダー（高2）
英語表現Ⅰ	グラマー

　A社は，おそらく新課程の「英語表現Ⅰ」が実質的にグラマー（文法）を教える授業になるだろうと予想したのでしょう。自社の「英語表現Ⅰ」の教科書（見本）の中で，文法の説明に大きなスペースを割きました。一方競合他社は，文部科学省の定める「英語表現Ⅰ」の学習目標を忠実になぞる形で，主として英作文の力や口頭での自己表現力を高めることに主眼を置く教科書を作りました。

　その結果、**「英語表現Ⅰ」に関してはA社の教科書の圧勝でした**。この教科書はもちろん作文などの学習内容にも言及しているのですが（そうでなければ教科書検定をパスしません），文法事項の説明の分量が他社の教科書よりもはるかに多いことが決定的なアピールとなりました。

　この事実は，**多くの高校教師が昔ながらの英文法の授業をやりたがっている**ということを如実に示しています。旧課程

では,「オーラルコミュニケーション」という科目を隠れ蓑にして文法を教えていました。Ａ社の教科書を使えば新課程でも「英語表現」という科目の中でおおっぴらに文法を教えることができるのですから,現場の教師がこれに飛びつかないわけがありません。完全にＡ社の作戦勝ちです。

　もちろんＡ社には何の非もありません。商品開発が顧客のニーズに基づくのは当然であり,Ａ社の教科書のおかげで「助かった」と思っている顧客(英語教師)は大勢いるはずです。ビジネス的には大成功であり教師も喜ぶわけですから,「村」の中には誰も困る人はいません。

　しかし,日本の英語教育にとってそれがいいことなのか？と言えば,話は違ってきます。新たに作られた「英語表現」という科目が目指すものを筆者なりに解釈すると,この科目こそが橋下市長の言う「日常会話くらいは英語でできるようになる」ような力をつけることを期待されていると思います。したがって主な学習内容は,「自分の考えを自分の言葉で表現する」という訓練であるべきでしょう。しかしそれは,学ぶ側にとっても教える側にとっても難しい作業です。実際にＡ社の教科書と他社の教科書とを比べると,自分が教師だったらやはりＡ社の教科書を選ぶと思います。この教科書なら必要に応じて文法中心の授業を行うことができ,低い学力の生徒にも対応できるからです。しかし文部科学省から見れば,それは好ましいこととは言えないでしょう。本当はもっとレベルの高い自己表現力をつける学習をしてほしいのに,楽な文法学習に逃げ込まれては

この科目の存在価値がなくなってしまいます。

そしてそこまで考えたとき，文部科学省という役所に基本的に不信感を持っている筆者には１つの邪推が生まれます。同省は「英語表現」という新たな科目を作って「これで話す力もつきますよ」という世間体を整えながら，実際には指導現場の教師たちが従来の文法指導を進めやすいように，あえてＡ社の教科書を検定にパスさせたのではないかという推測です。もう少し突っ込んで言えば，教科書検定官は英語教育の専門家ですから，Ａ社の教科書を合格させたくないと思った人もいたかもしれません。しかしお役所的な発想では「内容に間違いが多いなどの客観的な理由がない限り（個人的な好き嫌いによって）不合格にはできない」という理屈が優先します。それに加えて文部科学省は，この教科書が実際には「英語表現」という皮をかぶった文法の教科書として使われることを最初から想定して，扱いにくい新科目に対する英語教師たちの不満を吸収する受け皿としたかったのではないでしょうか。確かにそうすれば責任逃れはできるでしょう。その代償として日本の英語教育は停滞することになりますが。

◆**文法を教えたがる英語教師**

ほとんどの英語教師は，文法の指導を重視します。これには２つの側面があります。

第１は，それだけ**文法学習が重要**だということです。５文型とか関係代名詞とか，学生時代にややこしい文法用語

にうんざりした経験を持つ人も多いでしょう。それもあってか，学校ではまじめに英語を勉強しなかったけれど海外生活で英語が使えるようになった人の多くは「文法の勉強なんかしなくていい」的なことをよく言います。しかし，日本で英語教育に携わる人はほぼ全員が，文法学習の重要性を認識しています。もちろん筆者もそうです。この点でプロと素人との間には大きな意識の違いがありますが，何事も「素人の方がプロより正しい」ということはあり得ません（裁判員制度を除いては）。英語を読むにも話すにも，文法は必要です。たとえば「現在完了形」という言葉を使わずに I've lost my bag.（バッグをなくしちゃった）という英文の作り方を教えるのは，できたとしても極めて非効率です。

　第1の理由がポジティブなものであるのに対して，第2の理由はネガティブなものです。それはズバリ，**文法を教えるのは楽だから**です。「楽」とは，「予習がいらない」ということです。教師は毎年同じ英文法を教えているので，毎年同じ話をしていれば授業を進めることができます（だから多くの教師は，一度採用した文法参考書や問題集を長年使いたがる傾向があります）。

　また，**文法の授業には生徒が食いつきやすい**という面もあります。それはなぜか？筆者の経験では，生徒の方も「楽な道」を選びたがるからだろうと思います。たとえば読解の授業の場合，1回の授業で自分にどれだけの知識が身についたのかがよくわかりません。これに対して文法の授業

は，たとえば「今日は不定詞を勉強した」のように学習の区切りが明確なので，生徒が達成感を持ちやすいという面があります。また，文法は予習や復習がやりやすく，精神的な負担感が小さいのも学習には好都合です。

◆古い文法知識に洗脳された教師たち

前述のとおり，教師は文法の授業の予習をあまりやりません。毎年同じ参考書や問題集を使い，ほとんど同じことをしゃべっています。たとえば58歳の教師が教壇で語っている文法の説明は，28歳の頃に本人が語った内容と大して変わりません。

基本的に，各教師が若い頃に覚えた文法知識が本人の中では「正しい知識」として定着します。**学生の頃に受験英語を学んだ人は，その頃の受験英語が今でも通用すると思いがちです。**自分の持っている文法知識や受験英語の情報を常にアップデートしている教師は，せいぜい10人に1人くらいでしょう。

そこには「情報の劣化」が起こります。受験の英語は言うまでもなく年々変化しますが，英文法の知識も昔と今とでは決して同じではありません。たとえば皆さんは，中学の頃にこんな文を習ったのを覚えていませんか？

・The singer is known to young people.
　　（その歌手は若者に知られている）

筆者が中学生の頃，英語の先生はこの文を次のように説明していました。

「be know to で『〜に知られている』という意味を表すんだ。be known by じゃないから気をつけるように」

では、上の文を The singer is known by young people.(その歌手は若者によって知られている）と表現してはいけないのでしょうか？これについては、「オーレックス英和辞典」（旺文社）に次のように説明されています。この辞書には英米在住の100余名のネイティブを対象として「この表現を使いますか」と尋ねた調査の結果がたくさん載っていますが、その中に次のような調査があります。

> (a) She is known <u>to</u> everyone here.
> (b) She is known <u>by</u> everyone here.
> → (a)を使う（13%）, (b)を使う（32%）,
>   両方使う（42%）, どちらも使わない（13%）

つまり、実際には be known to よりも be known by を使う人の方が多いのです。このように、昔は「これが正しい」と言われていた英文法の知識が実は正しくない、というケースはいくらでもあります。実用的な英語を生徒に教えたいと考えている教師は、日々勉強を怠ってはなりません。（と偉そうなことを言っていますが、筆者も若い頃は平気で「be known by は間違い」と生徒に教えていました。教師の皆さん、お互い勉強に励みましょう。若い人に知識が足りないのは仕方がありません。筆者もそうでした。しかしベテランになっても無知なのは困ります。）

第3章 英語教師の罪　*83*

◆予備校教師の功罪

　話のついでに，予備校の講師についても触れておきます。筆者もかつては予備校で教えていたので人のことは言えません。自分自身，当時は本当にダメな教師でした。この場合の「ダメ」というのは，基本的には「望ましい英語教育という面から見て」という意味です。

　予備校の講師は常に競争にさらされているので，生き残るのはある意味で優秀な人々ばかりです。しかし，予備校講師として優秀であることと，英語教師として有能であることとは別の話です（筆者はどちらの意味でも二流でしたが）。

　多くの現役予備校講師にも，現在の日本の英語教育をゆがめている責任の一端があります。自分が教えているのが「試験に出るヘンな英語」であることを承知であえてビジネスと割り切っている人たちもいるでしょうし，**自分がかつて恩師である予備校講師から学んだ「入試の秘伝」を無批判に再生産している**だけの人もいることでしょう。

　筆者の予備校業界での経験から，生徒に人気が出る講師が備えているいくつかの条件を挙げてみます。

> ① **若いこと**。外見全般も重要ですが，多くの生徒は自分と年齢の近い講師になつく傾向があります。一方で，若さは常に無知を伴います。
> ② **語り口が断定的であること**。「試験にはここが出るからな」「これだけは絶対覚えておくように」といった調子の，一種の洗脳術に長けている講師は人気が出ます。その断定の多くは間違っていることも多いのですが。

③ **独自の方法論を持っていること。**多くの人気講師は，自分の名前を冠した「〇〇流学習法」のような売りを持っています。その中身がオーソドックスな説明や学習方法からかけ離れているほど，カルト的な人気が出ます。

これらはいわば予備校講師の営業戦略であり，それを批判するのは酷というものでしょう。一方で，筆者が多くの予備校講師に改めて問いたいのは，次のことです。

「あなたが教えているその知識は，本当に今日の大学入試によく出るのですか？」

一部の予備校講師が書いた本を読むと，ベースになっている受験英語の知識がひと昔前のものである（今日の入試にはあまり出ない）ようなケースが散見されます。それは本人の勉強不足です。受験英語で飯を食っている人間は，毎年出題される入試問題の研究をリアルタイムで続けねばなりません。その努力を怠り，自己流の教え方が固まってしまうと，入試にも出ないし実用の役にも立たないような知識を受験生に与え，彼らの貴重な時間のロスを生んでしまうおそれがあります。

筆者自身の反省もこめて言うなら，「間違った英語や不自然な英語でも，入試に出るものは知っておくべきだ」と考えるのはビジネス的に許されたとしても，**「間違っていてなおかつ入試にも出ない英語」を教えることは，英語教育者としても予備校講師としても許されません。**予備校講師でこれをお読みの方がおられたら，受験英語の変化に対してアンテナを常に立てておくことをお勧めします。

◆英語教師の罪（まとめ）

　現実問題として，多くの生徒が英語を学ぶ目的は「入試に合格できる学力をつけること」です。したがって，学校の英語学習が受験対策に傾斜するのは致し方ないことです。しかし英語教師は日本人に幅広い英語力を身に付けさせる仕事の最前線にいるわけですから，「受験対策」と「望ましい英語学習」とのバランスを考える義務があります。

　これを読んでいる教師の皆さん，自分の教えている英語に対して「本当にこれで正しいのだろうか」「ちょっと不自然だな」と感じたら，身近にいるネイティブに質問してください。「**ヘンな英語かもしれないが入試に出る（あるいは問題集に載っている）のだから教えるしかないじゃないか**」と開き直っていたのでは，あなたも日本の英語教育の中に「**毒**」を撒き散らすことに加担していることになります。筆者に言わせれば，英語教育村は1つの大きな犯罪集団（その言葉がきつければ，みんなで赤信号を渡っている集団）のようなものです。その集団の中にいても，職業人としての誇りと志を失わないことが大切だと思います。

第4章

英語出版物の罪

　現在の筆者は主にこのフィールドで仕事をしており，中学・高校で使う参考書や問題集もたくさん執筆しています。そうした仕事をしながら，「**こんな英語を子どもたちに教えていいのだろうか**」という疑問がたびたび浮かびます。現実問題として中学生・高校生向けの現在の英語学習本には，「何を教えるか」という情報の選択に関してさまざまな問題があります。しかし「村」の一員である執筆者は，わかっていながら「ヘンな英語」を本の中に入れざるを得ないの

です。筆者は基本的に職人ですから，クライアント（出版社）の要望があればそれに従います。しかし，たとえば設計士が施行主に「柱の曲がった家を作ってくれ」と言われたら，注文に従いはしますが内心では嫌がるでしょう。それと同じ苦悩を，筆者は日々感じています。出版社も，そして筆者のような参考書の執筆者も，英語教育村に住む共犯者なのです。

◆受験英語と実用英語との距離

いわゆる受験英語とは，「日本の大学入試でしか通用しない（実用の役に立たない）英語の知識」という意味です。受験英語と役に立つ実用英語との間には，どのくらいの差があるのでしょうか。これを考えるには，英語学習をいくつかの分野に分けてみる必要があります。英語学習は「読む，聞く，書く，話す」という４つの技能の習得を目的とし，そのベースとして「語彙」「文法・語法」の知識が必要です。次の文で考えてみましょう。

> ・My big sister wants to become a vet.
> 　（私の姉は獣医になりたがっている）

この文の意味を理解するためには，まず単語の意味を知らねばなりません。これが**語彙力**です。次に，want to 〜 が「〜したい」という意味だという知識が必要です。これも広い意味では語彙力ですが，「want の後ろには〈to ＋動詞の原形〉を置く」という知識は**語法**（want という語の使

い方）の一種であり，〈to＋動詞の原形〉は「〜すること」の意味を表すことができる（だから want to become は「〜になることを望む」の意味になる）という知識は**文法**（不定詞の名詞的用法）のカテゴリーに入ります。またこの文を作る場合は，want に 3 単現の s をつけて wants にしなければなりません。これも文法の知識です。このように**語彙と文法・語法の知識は，英語の 4 技能のすべてを支える基礎となります。**

　したがって，受験対策の英語学習の中でこれらの知識を増やしていけば，それを実用的なコミュニケーションにも応用することができます。ただし，「どれだけのことを覚えるべきか」という点で，語彙・文法・語法には次のような違いがあります。

　語彙力に関しては，多ければ多いほどベターです。中学・高校の教科書で学習する単語の総数は約 3,000 ですが，それだけでは日常的なコミュニケーションにさえ不十分でしょう。たとえば「トンボ」「ナス」「なでる」「しもやけ」などは日本人なら誰でも知っていますが，英語に直せますか？ この程度の語彙力がないと，英語を使った実際のコミュニケーションは困難です（答えは順に dragonfly, eggplant, stroke, frostbite）。そしてこれらの語は，学校の教科書にはたぶん載っていません。ですから，たとえば過去の入試問題を解きながら出てきた単語を全部覚えるようにすれば，大学入学後の英語学習にとってもプラスになります。また語法に関しても，知識の量は多い方がベター

です。たとえば I want you to come.（君に来てほしい）とは言えますが，I hope you to come. は似ているようでも誤りです。このように語法の知識は，英語で書いたり話したりするときに重要になります。

　一方，**文法に関しては「知識が多ければ多いほどよい」とは一概には言えません**。知識を増やすのが悪いとは言いませんが，**実用の役に立たない知識を詰め込む時間があるのなら，それを別の勉強に向けた方が効率的です**。今日の中学生・高校生が学校で教わっている文法には，「むだな知識」がかなり混じっていると言えます。前章でも触れましたが，むだな知識には次の2種類があります。

① 教える側もむだだと知っているが，実際に入試に出るから仕方なく教えている知識
② 教える側は入試に出るから仕方なく教えているつもりだが，実は入試にさえ出ない（もちろん実用的な価値も低い）知識

　以下，これらの両方の知識が日本の学生の英語教育にどんな悪影響を与えているのかを考えていきます。

◆文法参考書の問題点

　ここでは高校生向けの本に焦点を絞ります。多くの高校では，全生徒に学校が指定する文法参考書を1冊持たせます。そうした参考書では一般に，「不定詞」「時制」「前置詞」などの学習項目ごとに英文法の詳細を例文つきで説明します。このタイプの参考書は普通「○○総合英語」というタ

イトルがついており，文法だけでなく会話・作文などに役立つ情報も取り上げられています。

　【参考】このタイプの本のうち，現在日本で一番売れていると言われるのは「フォレスト総合英語」（桐原書店）で，社会人が読んでも役立ちます。最近では，主に社会人向けの「一億人の英文法」（東進ブックス）もヒットしました。

　筆者は最近このタイプのある参考書の執筆に関わりましたが，その過程で「英語教育村」が抱える課題を改めて感じました。出版社と筆者との間には，こんなやり取りがありました。

　筆者は最初に，編集部に対して**「入試にも出ないし，実用にもほとんど役立たないような情報は，参考書に入れないことにしよう」**という提案をしました。

　多くの高校生の現実的な学習の目的は入試対策ですから，入試に出ない知識は不要です。入試に出なくても実用面から大切な情報は参考書に入れるべきです。入試にも実用にも不要な情報は入れなくて当然です。なお，入試に出るか出ないかは，入試問題データベースを使って判断できます。日常的に役立つ知識かどうかは，ネイティブに尋ねれば確認できます。

　編集部も大筋では筆者の提案に賛成したのですが，各論に入るといろんな問題が出てきました。その1つが**「関係代名詞の but」**です。かつて大橋巨泉が司会を努める「巨泉のこんなモノいらない!?」という人気番組がありました。その番組で英語教育がテーマになったことがあり，日本で

教えられている英語がいかに非実用的なものであるかの例として取り上げられたのが，この but（関係代名詞）です。but は普通は「しかし」の意味で使いますが，ことわざには次のような古い用法が残っています。

· There is no rule **but** has exceptions.
[= There is no rule **that** doesn't have exceptions.]
（例外のない規則はない）

この文の but は 〈that + not〉 で言い換えることができます。関係代名詞の but の実例としては，今日ではこれがほとんど唯一の文と言ってよいでしょう。これ以外の形で関係代名詞の but が使われることはまずありません。そして，日本の大学入試にはこの文が今でも時々出題されています。

この but の扱いをどうするかについて，編集部と筆者は議論しました。「○○総合英語」というタイトルの本は他社からもたくさん出ており，それらの多くはこの but に言及しています。しかしこんな知識は実用的見地からは全く不要であり，「入試に時々出ている」という事実をどれだけ考慮するかが問題になりました。結果的に，その本では but のこの用法を取り上げませんでした。

しかし他の学習項目については，「入試で一定の出題実績がある」という理由で，実用的にはあまり役立たない情報でも入れざるを得なかったものも多くあります。1つ例を挙げてみましょう。

> 私が家を出るとすぐに雨が降り出した。

　この日本語を英語に直そうとした場合，読者はどんな文を思い浮かべるでしょう。高校1年生なら，たぶん as soon as ～（～するとすぐに）というフレーズを使ってこう表現するでしょう。

> As soon as I left home, it began to rain.

　この文はこれで問題ありませんし，日常的にも使います。It began to rain just after I left home. などとも言えます。英語で話せるようになることを学習の目標とするなら，この程度の知識があれば十分です。ところが多くの文法参考書には，これと同じ意味を表す次のような文がずらりと並んでいます。

> ・No sooner had I left home than it began to rain.
> ・Hardly [Scarcely] had I left home when [before] it began to rain.
> ・On my leaving home, it began to rain.
> ・The moment [instant] I left home, it began to rain.
> ・Directly [Immediately] I left home, it began to rain.

　これらの多くは文語的な表現であり，日常的にはあまり使いません。「～するとすぐに」という日本語を英訳するのに，こんなに多くの表現を知っておく必要があるのでしょうか？

　「アウトプット」，つまり英語で情報を発信するという観

点から言えば、答えはノーです。ただし英文を読む際には上のような表現に出くわすこともあるでしょう。だから「読む力をつける」という観点からは、上のようなさまざまな表現を知っておくことは必ずしも無駄とは言えません。しかしよく考えてみると、これらは結局は語彙の知識であり、意味がわからなければ辞書で調べれば済むはずです。英文法を「英文を作るための基本的なルール」という狭い意味でとらえ直すなら、「〜するとすぐに」に当たる表現としては as soon as または just after（〜した直後に）を知っておくだけで十分でしょう。「○○総合英語」というタイプの文法参考書の平均的な分量は 600 〜 650 ページ程度ですが、上に述べたような基本方針で内容を精選すれば、その半分くらいの量に減らせると筆者は考えています。

◆文法参考書と大学入試問題との関係

　文法参考書に必要以上の情報が入っていると、高校生の学習の負担が増したり効率が下がったりします。しかし問題はそれにとどまりません。きつい言い方をするなら、文法参考書の「毒」が大学入試問題に伝染してしまうのです。

> **問** [ ] 内の語を並べ替えて英文を完成しなさい。
> There [your / of / few / but / us / determination / admire / are].
> （あなたの決心を称賛しない者は、私たちのなかにはほとんどいない）

これは,関東のある私大で1999年に出題された問題です。正解（?）は (There) are few of us but admire your determination. でしょう。前述の「関係代名詞の but」を使った例です。

　筆者はこの問いを,何人かのネイティブに解いてもらいました。解けた人は1人もおらず,完成した文を見せてもみんな口をそろえて「こんな英語はない」と言いました。ネイティブが誰も解けないような問いは,英語の問題とは言えません。そんな問いを作る人は,英語入試問題の出題者として完全に失格です。しかしこの同じ大学では,2002年にもこんな問題が出ました。

> **問** 空所に入る適切な語を1つ選びなさい。
> People say that there is no man (　) has some defects.
> ① that　② who　③ but　④ as

　想定された正解はもちろん③です。文意は「欠点を持たない人は誰もいないと人々は言う」となる…と出題者は思ったのでしょう。しかしこの問いも,筆者が尋ねたネイティブは誰一人として認めませんでした（ただし後述するように,日本の英和辞典にはこの種の例文が載っています）。出題者は完全な確信犯であり,この大学では入試問題に対するネイティブチェックが行われていないことが明らかです。

　では,出題者はなぜこんな非常識な問題を出したのでしょうか。その背景は1つしか考えられません。その人の頭の中に「関係代名詞の but」という無駄な文法知識がインプッ

トされており，その知識を本人はかつて読んだ文法参考書から得たのだ，ということです。そう考えると，**責任の半分は勉強不足の出題者にありますが，もう半分の責任はそんな無意味な知識を載せている参考書の側にある**と言えるでしょう。

◆文法参考書はどのように作られるか

文法参考書には，次の2つのタイプがあります。

> (A)**レファレンス（参照）機能を重視したもの**。この種の文法書は一種の百科事典であり，プロも使えるよう文法のあらゆる情報が網羅されています。
> (B)**学習者向けに情報を絞り込んだもの**。学校で使われるのは主にこのタイプです。

【参考】(A)タイプの代表的な参考書としては，「英文法解説」（金子書房），「ロイヤル英文法」（旺文社）などがあります。「フォレスト総合英語」（p.91）などは(B)タイプです。

(A)タイプの本は，基本的に英米で出版された文法書の情報を寄せ集めて作ります。(B)タイプの本は，(A)タイプの本を下敷きにしながら，学生にとって難度の高い知識を省いて作るのが一般的です。

ここで1つの問題が起こります。文法学者の意見は必ずしも同じではなく，多くの研究者がさまざまな論文や文献を発表します。(A)タイプの本は網羅性を重視するので，できるだけ多くの情報を取り込もうとします。その結果，「実

用的にはどうでもいい知識」が紛れ込む傾向があるように筆者には思われます。その1つとして、「**先行詞が〈人＋人以外〉のときは、関係代名詞は that を使う**」という文法規則があります。次の例を見てください。

> **問** 空所に入る適切な文を下から1つ選べ。
> Look at the boy and the dog (　) are playing over there.
> ① whose　② who　③ which　④ that

これは、2011年に関東のある私立高校の入試に出た問題です。正解は④。文意は「向こうで遊んでいる少年と犬を見なさい」となります。この問いの出題者は、先に示した関係代名詞と先行詞のルールを尋ねたかったのでしょう。

しかしこのルールは、筆者に言わせれば日本の多くの英語指導者・学習者の頭に刷り込まれた一種の「都市伝説」のようなものです。もちろん間違っているわけではありません。しかし実質的には無意味です。関係代名詞の先行詞が〈人＋人以外〉であるような文が使われる状況は、現実にはほとんど考えられません。実際の使用場面を想像して、もう一度この問いを見てみましょう。

> 「向こうで遊んでいる少年と犬を見なさい」
> △ Look at the boy and the dog <u>that are playing over there</u>.
> ○ Look at the boy and the dog <u>playing over there</u>.

日本語に対する英訳としてより自然なのは○の文であり、

第4章　英語出版物の罪　97

△の文は文法的には正しくても実際には使われないでしょう。つまりこの例では関係代名詞 (that) を使う必要はないわけですから, 先行詞うんぬんの規則は知らなくてかまいません。

ところが, この規則は前述の (A) タイプ, つまり百科事典型の文法書には載っています。本場の著名な文法研究家の1人がこのルールに言及したために, 日本の文法書がそれを取り入れたわけです。そして (B) タイプの本の著者たちは, (A) タイプの本からの孫引きでこのルールを中学・高校生向けの学習参考書にも入れます。結果的にこれが学校教師の頭の中に「教えるべき文法知識」として定着してしまうわけです。

このルールを問う私立高校の問題例を, もう2つ挙げておきます。どちらも 2011 年に出題された整序作文（単語を並べ替えて英文を完成する）形式の問いです。

(1) 通りを横切っている女の子と犬を見てごらん。
Look at the girl [that / are / dog / and / her / street / crossing / the].
(2) いつもこの公園を走っている少年と犬は私の家の近くに住んでいます。
[are / always / near / this park / and the dog / running around / live / the boy / that] my house.

正解は, (1) が (Look at the girl) and her dog that are crossing the street., (2) が The boy and the dog that are always running around this park live near (my house). です。

ここには全部で3つの例を挙げましたが，一目瞭然の共通点があります。どの文でも，先行詞は「人＋犬」なのです。これは，(B)型参考書のもとになった(A)型参考書，さらにそのもとになった外国の文法書の例文が「人＋犬」を先行詞とするものだったためです。いったい「人と犬」を先行詞として後ろに関係代名詞を置く文を作らねばならない状況が，実際にどれだけあるというのでしょうか。**「文法書に書いてあるから」という理由だけで入試の文法問題を作っていると，こんな非実用的でステレオタイプのダメ問題が量産される結果を生む**という典型例と言えます。

◆根強い「書き換え信仰」

　先ほど「～するとすぐに」に当たる多くの表現を並べましたが，このような知識が「入試で大切だ」と言われることには1つの理由があります。文法問題の設問にはいくつかの形式がありますが，主なものは次の4つです。

① **空所補充問題**（文中の空所に適切な語を入れる）
② **整序作文問題**（単語を並べ替えて英文を完成する）
③ **正誤判定問題**（文中で間違っている箇所を指摘する）
④ **書き換え問題**（ある文とほぼ同じ意味になる文を完成する）

　これらのうち最もポピュラーなのは①で，②③はマークシート方式の導入以後によく見られるようになりました。問題は④の書き換え（連立完成）問題です。かつて大学入試がすべて記述式で行われていた時代，この形式の文法問題が非常に多く見られました。今日の大学入試では激減し

ていますが,一部には次のような例も見られます。

> **問** 2つの文の意味がほぼ同じになるよう,空所に適切な語を入れなさい。
> After a few minutes' walk I came to the station.
> = A few minutes' walk (　) me to the station.

　これは2011年にある私大で出題された問いです。正解は brought（bring の過去形）で,上の文は「数分歩いた後で私は駅に来た」,下の文の直訳は「数分の徒歩が私を駅へ連れてきた」となります。下の文は,学校文法では「無生物主語（構文）」と呼ばれます。

　学校での英語学習が「使える英語の習得」を目標とするのであれば,このような問いは入試に出題すべきではないし,学校で教えるべきでもありません。少なくとも英語を教える立場にある人々は,その程度の「良識」を持つべきです。

　「私は数分歩いて駅へ来た」という内容を英語で表現したいなら,次のように言うのが自然です。

　・I walked for a few minutes and came to the station.

　また,現在この人が駅にいるのなら,実際に使われる可能性が高いのは次のような文でしょう。

　・I came here after walking for a few minutes.
　　（私は数分歩いた後でここへ来た）
　・I [It] took a few minutes to come here.
　　（ここへ来るのに数分かかった）

一般に書き換え問題は,「書き換えの公式を適用する」ことにとらわれすぎて,**完成した文が英語として妥当（あるいは自然）であるかどうかを考えない習慣を学習者に植え付ける**面があります。この問いの場合,書き換えた文（A few minutes' walk brought me to the station.）を日常会話で使うことはまれでしょう。もっと悪質な問題の例も出しておきます。

> **問** 空所に入る適切な語句を1つ選びなさい。
> It ( ) very hot, we took a rest under a big tree.
> ① is　② being　③ was　④ been

これも2011年のある私大の問題です。書き換え形式ではありませんが,出題者の頭の中に次のような書き換えパターンが想定されていることは明らかです。

　(a) <u>As it was</u> very hot, we took a rest under a big tree.
＝(b) <u>It being</u> very hot, we took a rest under a big tree.
　　（とても暑かったので,私たちは大きな木の下で休んだ）

　(b) は文法用語では独立分詞構文と言いますが,「役に立たない受験英語」の典型です。(b) は確かに文法の理屈では正しい文ですが,実際に使われるのは(a)でしょう（より正確に言えば,話し言葉では It was very hot, so we ... の方が普通です）。

　このように書き換え問題は,一種のパズルにすぎません。現実の英語を知るという観点から言えば,益よりも害の方が大きいように思います。そもそも言葉というものは,形

が違えば意味も違うのが普通です。「ジョンはメアリを愛している」と「メアリはジョンに愛されている」とでは，表す内容は同じでも伝えたいことの中心は違うことが感じ取れるでしょう。

書き換え問題はマークシート方式になじみにくいため，今日の大学入試では昔に比べると大幅に減少しています。だから，入試対策として書き換え問題の練習に熱を入れる意味は薄れています。しかし多くの文法参考書には今でも「書き換え公式」的な説明がたくさん入っています。その最大の理由は，関係者（特に高校教師）の中に今でも「書き換え信仰」から抜け出せない人々がいるからです。

一方**高校入試**では，マークシートを使うほど多くの受験生を集める高校はありません。私立高校の入試は記述式で，採点は手作業で行います。つまり昔の大学受験と同じです。そして私立高校入試では，ほとんどの学校が書き換え問題を出題しています。その多くは昔ながらの「書き換え公式」を問う問題であり，**大学入試よりもさらに出題者の意識改革が遅れている**という印象を受けます。例を1つ挙げておきます。

> **問** 2文の意味がほぼ同じになるよう空所に適切な語を入れよ。
> (a) This problem is too difficult for me to solve.
> (b) This problem is so difficult that I ( ) solve it.

これは2011年度にある私立高校で出題された問いで，〈too ～ to ...〉と〈so ～ that ...〉を使った典型的な「書き

換え公式」を問うものです。正解は can't。文意は (a) が「この問題は私が解くには難しすぎる」, (b) は「この問題はとても難しいので私には解けない」です。

「この問題をどう思いますか」と中学・高校教師に尋ねても,「よくない問題だ」と答える人はたぶん 100 人に 1 人もいないでしょう。しかし筆者は，英語の表現力をつけるという観点から見て，これは好ましくない問題だと思います。

読者の皆さんも考えてみてください。「**この問題はとても難しいので私には解けない**」**という内容を英語で表現しようとするとき，あなたはどんな文が思い浮かびますか？この問いの (a) または (b) の文を思い浮かべた人は，間違った受験英語の呪縛から抜け出せていません。**

この日本語に相当する最もシンプルで自然な文は，This problem is too difficult for me. です。問題は解くものに決まっていますから，to solve は不要です。英語を実用的に使う力，あるいは英会話の能力を伸ばすためには，このように「余分なことは省いて短く表現する」という訓練が大切です。鋳型に溶けた鉄を流し込むような作業ばかりをしていても，本当の意味での表現力はつきません。表現力を伸ばすには自由に英文を組み立てる試行錯誤が不可欠であり，書き換え問題はそれを妨害する邪悪な存在だと筆者は思っています。

◆**文法問題集の問題点**

　文法参考書とは別に，中学でも高校でも「文法問題集」というタイプの本があります。これは主に自宅学習用で，中学や高校の1・2年生の場合は英文法のドリルが中心です。たとえば「現在進行形」という文法項目を学校で習った場合，教科書だけでは練習問題が足りないので，自習用の文法問題集を使って家で復習するという学習形態が一般的です。このタイプの本には存在価値があります。文法の基礎を学ぶ段階では反復練習が大切だからです。野球やテニスの素振りのようなものです。この練習が不十分だと，英語の4つの技能のベースとなるべき文法力が十分に身に付きません。

　一方，主に中学・高校の3年生や高校生が使うのは「入試対策の文法問題集」です。ここには高校入試・大学入試の過去の問題が集められており，学習者はそれを解いて入試での得点力アップを目指します。実はこれが問題なのです。入試問題を解く実戦的な練習をするだけなら何も問題ないように思えるかもしれませんが，**中学3年生と高校3年生の学習効率を下げている主因の1つは入試の文法問題対策**だと筆者は考えています。これについては後述します。

◆**古い受験参考書は使うな！**

　高卒人口が右肩上がりだった1980年代までは，「大学入試のバイブル」的な参考書・問題集・単語集などが非常に多くありました。書店の棚にはかつて名著と言われていた

学習参考書が今でもたくさん並んでいます。それらの多くは今から30年以上前に書かれたものであり,当時の大学受験には対応していたとしても,今日ではほとんど学ぶ価値のない知識がたくさん含まれています。

　たとえばその中の1冊に,筆者が受験生の頃にベストセラーになったある熟語集があります(実名は伏せておきます)。その本に「入試頻出」として載っている英熟語を見返してみると,もっぱら文語調の文章(小説や評論など)に出てくるものや日常会話では使わないようなものを多く含んでいます。また,近年の入試では全く見かけない(筆者の入試問題データベースに1件も入っていない)ものが3割くらいあります。たとえば次のようなフレーズです。

- from hand to mouth（その日暮らしで）
- keep body and soul together（やっと生きて行く）
- make a man of 〜（〜を一人前の男にする）
- turn over a new leaf（心を改める,生活を一新する）
- with might and main（全力を尽くして）

　では,このような「昔の名著」を買うのは誰でしょうか？ 一番多い買い手は,現在40〜50歳台で英語の勉強をやり直そうと思っている人たちでしょう。昔勉強した本をもう一度読んでみようというわけです。そうした人たちが昔懐かしい本で勉強する分には,何の問題もありません。筆者に言わせれば学習の効率は相当悪いと思いますが,何を選ぶかは人それぞれです。

一方で，学校や塾のベテラン教師の中には，これらの本を生徒に薦める人もいます。それには大きな問題があります。**古い受験参考書には，今日では入試にも出ないし実用的にもほとんど役立たない知識がたくさん入っている**からです。

　もう1つ例を挙げましょう。1960年代に出版されて今でも書店の棚に並んでいるある有名な受験対策参考書のリーディングの素材を見ると，サマセット・モームやバートランド・ラッセルらのハイブロウな文章がずらりと並んでいます。日本で言えば大江健三郎や小林秀雄のような書き手を想像するといいでしょう。それらの文章は，確かに昔の入試ではよく出題されていました（つまり昔の入試の方が今よりもずっと難しかったということです）。しかし今日の入試で出題される英語の文章は，ごく一部を除いては全く性格が異なります。多くの場合，出題者は**長い文章をたくさん読む**ことを求めており，センター試験はその典型です。その分内容は平易で，深い知識や思考力よりも情報処理のスピードを求める傾向が強くなっています。そしてそれは，現代社会の中で求められる望ましい英語力を反映したものです。難解な文章を味わって読むような技術は，文学部を志望する一部の学生以外には必要ありません。逆に言えば，昔の入試では出題者の専門分野，あるいは趣味がリーディング問題の素材選びに色濃く反映していたということにもなります。

　いずれにしても，**教師や親は「これは昔自分が使ってい**

た参考書だ。いい本だからお前も使ってみろ」と子どもに勧めないようにしてください。今日の社会で求められている英語力は，あなたが受験生だった頃の英語力とは違います。**古い受験参考書を若い世代に薦めるという行為は，悪しき受験英語の延命に加担するに等しい**という自覚が必要です。もちろん間違ったことが書かれているわけではないので，古い本が有害だとは言いません。しかし，たとえばモームやラッセルの文章は今日の入試にはまず出ないし，実社会に出ても読むことはないでしょう。橋下市長ほどの知的能力をもった社会人でさえ英会話に苦手意識を持っているような現状で，難解な文章を読む力が大切だと言ったところで説得力はありません。

　このような言い方をすると，「英文解釈や英作文の参考書の中には，昔の本であっても良書はあるはずだ」と反論する人もいるでしょう。そのとおりです。受験対策に特化していない，一般的な英文解釈や英作文などを扱った「名著」と呼ばれる本は，今でもその価値を失っていません。筆者が問題視しているのは，あくまで「古い受験参考書」です。文法参考書の場合，最近の高校生向けの参考書には英語学の研究成果が反映されています。1990年代末以降に発行された学習用の文法参考書は，大学受験対策の（一般人には不要な）知識も入っていますが，どれもなかなかよくできているように感じられます。

◆出版社の責任とは？

　古い受験参考書が本屋の学参（学習参考書）の棚に今でもたくさん並んでいるのを見ると，筆者は「出版社の責任」を考えずにはいられません。現代の若者がそれらの本に入っている古い情報を身につけることの弊害を，出版社はどこまで意識しているだろうか？とよく思います。

　筆者は仕事柄，多くの編集者と話をします。英語の本を作る編集者の英語力は本当に千差万別です。洋書をすらすら読めるような人もいれば，中学の英語もわからないという人もいます。いずれにしても，英語の本作りは彼らにとってはビジネスであり，「自分たちは日本の英語教育に対して一定の責任がある」という意識を持っている人はまずいないでしょう。それを責めるつもりはありません。しかし筆者は違います。筆者はライターであると同時に教育者でもあると自分で思っているので，自分の書いた本が中学生や高校生の英語学習の効率を下げていると考えると罪悪感を覚えます。編集者にもこの思いを共有してもらいたいところですが，みんな頭ではわかっていても「でも売れる本を作らないと」という職業意識の方が優先します。筆者が編集者でもそう思うでしょう。そうやって「お互い大変ですね」と言いながら，我々英語出版業界の人間は，正しい英語学習のレールからちょっと外れた本を（それを承知の上で）しばしば世に出しているのです。

◆**教師からのプレッシャー**

　学校採用向けの参考書や問題集を出版する会社には，中学や高校を訪問する多くの営業マンがいます。教科書は市町村単位で採択されますが，参考書などの副教材は学校や学年単位で採用されるので，彼らは学校の先生を相手に営業活動を行います。参考書を使うのは生徒ですが，採用するかどうかを決めるのは先生です。だから参考書の営業では，生徒よりも先生に気に入られなければなりません。一般に，内容的には優れた教材であっても，教える側にとって（予習に手間がかかるなどの理由で）使いづらいものは売れません。逆に，教える側の手間が少なくて済む本は売れます。だから出版社は，小テストを付録としてつけるなどのさまざまな工夫をします。このように**参考書の営業は，教師に気に入ってもらえるかどうかが勝負**です。そこに，大げさに言えば現在の日本の英語教育を歪めている大きな原因の1つがあります。

　たとえば前述の「関係代名詞のbut」を例にして考えてみます。以下は著者（「著」）と編集者（「編」）の仮想のやり取りです。

> 著：関係代名詞のbutなんか，説明しなくていいだろ。現代英語じゃ使わないんだから。
> 編：でも，これを本の中に入れておかないと，学校の先生からクレームが来るんです。
> 著：どうして？

編：「なぜ関係代名詞の but の説明が入ってないんだ。これは重要だ」って。
著：その「重要」っていう判断の根拠は何なんだよ。
編：さあ，たぶん「入試によく出る」って思ってるんじゃないですか。
著：いや，入試データベースでは 2, 3 件しかヒットしないよ。それもネイティブが解けないような問題だ。
編：でも，うちの社の本を採用してる○○高校の X 先生は，クレームをつけて来そうだなあ。
著：営業的にはマイナスかもしれないが，著者としてはこんなヘンな英語を生徒に教えたくないよ。
編：そりゃそうですよね。でもなあ…

　本当のことを言うと，これは著者（私）と編集者との間で実際にあったやり取りを脚色したものです（実際の筆者の口調はもっと穏やかですよ。ただのライターですから）。

　端的に言えば，出版社も著者も「こんな英語を教えるのはよくない」という現状認識は持っています。しかし一部の有力な（しかも時代遅れの英語の知識を頑なに信じている）教師が「いや，これは教えるべきだ」とか，「他の本にも載ってるじゃないか」（これは事実です）とか，「入試にも出てるじゃないか」（本当は出てません）とか主張するので，**口うるさい顧客のご機嫌を損ねないように，無駄な情報でも仕方なく参考書に盛り込んでいる**のです。一種のク

レーマー対策と言ってもいいでしょう。そして彼ら(私たち)は「仕方ないじゃないか。そうしないと本が売れないんだから」と自分で自分に弁解している，あるいは一部の偏屈な教師に責任をなすり付けているのです。著者としては悔しいことですが，これが学校向け英語参考書の製作現場の実態です。

◆英語学習用の一般書籍の質

　ここで余談を少し。中学生や高校生は，自分が使う教科書や参考書を自分で選ぶことはできません。教師に使えと言われた本を使うだけです。だから教師は，生徒にどんな本を使わせるかについて重い責任を負っています（自分が楽だからという安易な理由で教科書や参考書を選ぶのは感心しません）。一方，学生以外の一般読者が書店やネットで買う本は，どんな本を選ぶのも本人の自由です。その代わり，その本が期待はずれだったとしても誰を責めることもできません。選択を間違えた自分が悪いのです。

　出版はビジネスであり，本が売れるのは読者のニーズがあるからです。しかしそれでも，無知な読者を洗脳しようとする（ように見える）怪しげな本が，英語に限らず山のように出版されています。たとえばダイエット。たとえば健康食品，病気の治療，恋愛指南，ギャンブル必勝法。それらの中には，筆者自身が自分のノウハウの正しさに自信を持っている（つまり本人に悪気はない）ものもあれば，最初から読者をだますことを目的にしているかのように見

えるものまであります。

　出版業界と深くかかわる仕事をしている筆者の目から見ると，現在市販されている英語学習本や教材の一部には，「とにかく売れればいい」という狙いがむき出しのものが少なからずあります。それらは，出版する側の意図がどうであれ，読者に非効率な英語学習をもたらします。何が効率的で何が非効率かは一概には言えませんが，「昔の名前で出ている」英語の本でさえ，読み物として楽しむ分にはかまいませんが，それで英語を学習しようとすると相当なロスを生むものが多くあります。まして，ビギナーを狙った「すぐに英語が使えるようになる」とか「たったこれだけの勉強で英語がわかる」のようなアオリ文句の入った本は，疑ってかかる方が懸命でしょう（筆者もその種の本を出していますが）。

　本のタイトルは編集部が考えます。彼らはどんなタイトルが読者にアピールするかを知っています。筆者はその点では全くの素人ですが，いろんな売れ線の本を見ているとおよその傾向はわかります。たぶん最も効果があるのは，**「楽をして学力がつく」**というイメージを読者に与えるタイトルでしょう。ダイエットと同じです。好きなものを好きなだけ食べてそれでも痩せるとか，普通に考えたらあり得ないようなうたい文句でも，それを信じる愚かな（失礼！）読者は大勢います。勉強でもスポーツでもダイエットでも，楽をして大きな成果を上げることはできません。英語の本をこれから買おうとする際には，「努力した分だけ力がつく」

という当たり前の事実を念頭に置くことをお勧めします。

◆玉石混交の執筆者

　日本人は英語コンプレックスの塊であり、英語関連本の出版業が廃れることはまずないでしょう。パイが大きい業界に異業種からの参入が増えるのは当然です。英語の本の著者の経歴は実にさまざまです。「自分は学生の頃には英語が苦手だった」と冒頭に書いてある本も多数見られます。そういう書き手は、「学校英語は苦手だったが実用英語は得意だ」ということになります。社会人が英語の本を買うときは、そのような著者が書いたものの方が適しているかもしれません。ただしその種の本の中には、学校英語の標準的な文法用語の使い方を間違えているケースもあります。

　また、実質的には著者本人よりも下請け作業のライターや編集プロダクションが主に原稿を書いているケースもしばしばあります。小説などではあり得ないことですが、日本人が書く英語の本の世界では、編集者が著者の原稿に大幅に手を加えたり、著者自身が編集者に「あとは適当に直しといて」と下駄を預けて原稿を渡したりすることもあります。中には「オレじゃなくてあなたが本を書いた方がいいんじゃないの？」と思わせるような、著者より優秀な編集者もいます。実際に編集の仕事をしながら「これくらいの本なら自分でも書けそうだ」と考えて執筆者に転身した人もいます。

　このように一般向けの英語関連本の世界には、経歴も能

力もさまざまな多くの著者が混在しています。同様に中学生や高校生を対象とする本の書き手の中にも，大学教授から予備校の講師まで，いろんな人がいます。筆者は何でも屋の英語ライターなので，自分で原稿を書くだけでなく他の著者が書いた原稿のチェックを頼まれることもよくあります。そうした仕事をしながら，これはいくら何でも…と思うような原稿も時としてありますが，英語の本としての質と「買って読んでみよう」と思う読者のニーズとは必ずしも同じではありません。英語の本を買う目的は，人によって違います。本当に英語の力をつけたいと思う人もいれば，「気軽に読めて，英語の知識も多少増えたらいいな」という感覚で本を選ぶ人もいます。コミックエッセイ的な本がよく売れていることからもそれは伺えます。本を選ぶ際には，自分が買おうかなと思った本の執筆者が他にどんな本を書いているかをネットなどで調べてみることをお勧めします。

◆英和辞典の「異常な」詳しさ

　英語出版物の問題点に話を戻します。一般の英語学習者は英英辞典にあまりなじみがないかもしれませんが，1冊は持っておくといいでしょう。*OALD*（Oxford Advanced Learner's Dictionary）や*LDOCE*（Longman Dictionary of Contemporary English）などがお勧めです。全部英語で書かれている辞書は開く気がしないと言うなら，*LDOCE*をベースにして日本語で書かれた「ロングマン英和辞典」などでもいいでしょう。

意外に知られていないことですが，英英辞典と多くの英和辞典との間には次の大きな違いがあります。

> 英英辞典には，日常的な頻度の高い意味・表現だけが載っている。
> 英和辞典には，見出し語に関するあらゆる情報が載っている。

完璧さを求める日本人の国民性と言うべきでしょうか。英和辞典には，一口で言えば「どうでもいい情報」まで載っています。たとえば，たびたび話に出している**関係代名詞の but** です。前述の *OALD*・*LDOCE*・ロングマン英和辞典には，but のこの用法は載っていません。それは当然です。日常的に使わないのですから。

一方，ほぼすべての英和辞典には関係代名詞の but が載っています。いくつかの英和辞典から例文と説明を抜粋しておきます。

● **ジーニアス英和辞典（大修館）**

There is not one of us **but** wishes to succeed.

（成功を望まぬ者はだれ一人としておらぬ）

＊注記は〈文〉（＝文語，堅い書き言葉）。

● **ウィズダム英和辞典（三省堂）**

There is nobody **but** has his faults.

（欠点のない人はいない）

＊注記は〈文，やや古〉（＝文語，やや古風な表現）。

● **新英和中辞典（研究社）**

The is no one **but** knows it.

（それを知らない者はない）

＊注記は〈古〉（＝現在では用いられなくなった語）。

● **オーレックス英和辞典（旺文社）**

There were few **but** went there.

（そこへ行かなかった人はわずかだった）

There is no rule **but** has some exceptions.

（例外のない規則はない）

＊注記は〈旧〉（＝現在では古臭いと感じられる用法）。

● **Eゲイト英和辞典（ベネッセコーポレーション）**

There is no city **but** has its dangerous areas.

（危険な場所のない都市はない）

＊注記は〈古〉（＝古語）。

では，英和辞典はなぜこんな「使わない英語」を載せているのでしょうか。それは辞書の編集方針の問題です。英英辞典に載っている情報は，実際に使われている英語を収集したデータベース（専門用語ではコーパスと言います）を使って，その中で頻度の高い意味・用法だけを載せています。but の関係代名詞としての用法は，実例がほとんどないのでカットされるわけです。一方，英和辞典もコーパスは使いますが，それに加えて英米で書かれた文法書や研究書中の記述を網羅しようとしているようです。だから，個々の単語の説明も英英辞典よりもずっと詳細です。

おおざっぱに言えば，**英英辞典は一般人向けですが，英和辞典はプロ（英語を生業としている日本人）向けです。**逆ではありませんから注意してください。プロが使う辞書（英和辞典）を高校生にも使わせているのですから，学生にとっては負担が大きいことでしょう。うがった（正しい？）見方をするなら，辞書の編集者や出版社は，一部のマニアックな読者から「別の辞書にはこの知識が載っているのに，おたくの辞書にはなぜ載っていないのか」という指摘が来ることを恐れているかのように見えます。英語参考書の編集者が一部の教師からの指摘を恐れるのと同じ図式です。厳しい言い方をするなら，それは身内だけのチキンレース（ブレーキをかけた方が負けという意味で）です。**英和辞典の出版社は，一般ユーザーにとっての不便さを犠牲にして「他社の辞書に負けてはいけない」という強迫観念にとらわれている**ように思えてなりません。「現在は用いられなくなった」という注記をわざわざ添えてまで but の特殊な意味を表示する必要が，一体どこにあるというのでしょうか。

　なお，英和辞典の出版社の中には，学習者向けに情報量を減らした姉妹版を出しているところもあります。たとえば大修館からは「ジーニアス英和辞典」のほかに「ベーシックジーニアス英和辞典」「プラクティカルジーニアス英和辞典」が出ています。ただ，これらの辞書でさえ，もっと情報を絞り込むのがベターではないかと思います。たとえば関係代名詞の but はこれらの辞書にも載っていますが，もしも（英英辞典と同じように）関係代名詞の but を掲載し

ない英和辞典が現れれば，それだけでも英語の指導者や学習者の意識改革に役立つような気がします。

　ただし，学習者向けに情報を絞り込んだ辞書を作るのは，出版社にとってはリスクもあります。1冊で済む辞書を2冊に分けるのは採算効率が悪いという問題もありますが，日本には「情報量の少ない辞書は買いたくない」という読者が意外に多そうだからです。携帯電話やスマートフォンの機能が多すぎて誰も使いこなせないと批判されるのと合い通じるものがあります。この国民にしてこの辞書あり，と言うべきでしょうか。

◆責任回避のトライアングル

　第2～4章の内容は，次ページの図のようにまとめることができます。

　英語教育村の中には，自分たちの罪を自覚している人も大勢います。しかし彼らは，それを承知で不自然な英語を入試に出したり，学校で教えたり，本に載せたりします。そこには，次のような**責任の押し付け合いの構図**があります。

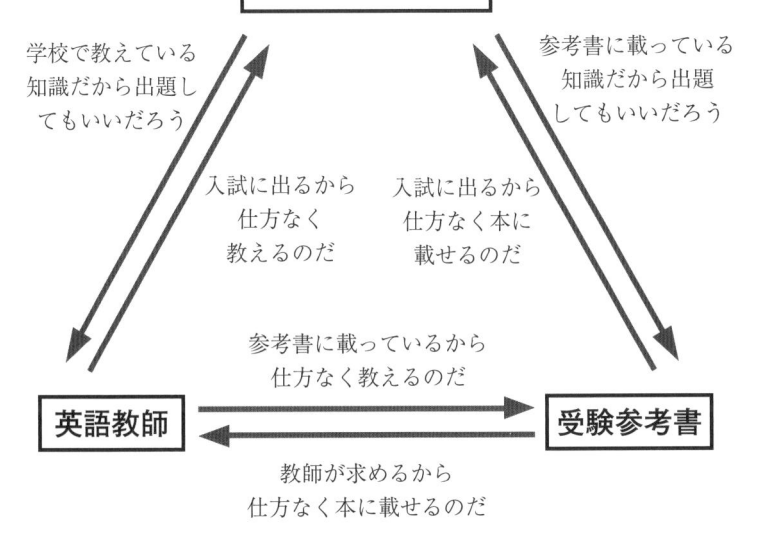

```
            入試問題の作成者
学校で教えている                 参考書に載っている
知識だから出題し                 知識だから出題
 てもいいだろう                  してもいいだろう

         入試に出るから   入試に出るから
          仕方なく      仕方なく本に
          教えるのだ     載せるのだ

              参考書に載っているから
                仕方なく教えるのだ
   英語教師  ──────────────→  受験参考書
           ←──────────────
               教師が求めるから
              仕方なく本に載せるのだ
```

　このように関係者たちはみんな「自分たちは悪くない。悪いのは彼らだ。自分たちはそれに仕方なく合わせているだけだ」と思っています。この「ダメ三すくみ」のサイクルをどこかで断ち切る必要があります。第1章で述べたように文部科学省にはその役割は期待できないので，民間主導でやるしかありません。

第4章　英語出版物の罪

第5章
英語入試問題の改善案

　いよいよ結論です。ここまでの話から，筆者がこれから示そうとする案が予想できた方もおられることでしょう。
　筆者のアイデアは基本的に，小泉内閣の郵政民営化に似ています。「郵便局には貯金や保険を通じて多額の資金が集まり，それが財政投融資の資金として道路公団などに流れたために無駄な道路が作られるなどの弊害が出た。だったらその資金源を断ち切れば，お金の無駄遣いが減るはずだ」－これが郵政民営化の本来の目的でした。この図式を英語教育に当てはめてみると，やはり最も「川上」にあるのは

大学入試問題です。ここを変えない限り，学校の英語教育は変わりません。**役に立たない知識を問う入試問題が減れば，そんな知識を扱う参考書や教師もいずれ消えていく**というのが，筆者が想定している改革の基本的な道筋です。

◆**筆者の提案**

これまでに述べてきたことを改めて要約します。従来の日本の英語教育にはさまざまな問題点がありますが，本書で焦点を当てようとしたのは次の事実です。

> 英語の学習目標は「読む，聞く，書く，話す」の4技能の習得です。だから入試ではこの4つの力を測るべきなのに，なぜか「文法問題」という得体の知れないものが紛れ込んでいます。中学生・高校生は，貴重な学習時間を犠牲にして「入試の文法問題を解くためだけに必要な知識」を詰め込んでいます。その無意味な作業に膨大な時間を費やして他の大切な学習がおろそかになっていることが，日本の英語教育の大きな問題点なのです。

この問題意識を前提として，筆者が考える大学入試の改善案を示します。

私立の大学・高校入試から文法問題を全廃する。

詳細は後述しますが，これが筆者の提案のすべてです。たったこれだけのことで，日本の英語教育は大きく変わると筆者は考えています。

では，どのようにしてこれを実現するのか？文部科学省の指導など全く当てにできませんから，基本的には各大学・高校の入試問題作成者の意識改革に期待することになります。その道筋は後で説明します。すべての大学・高校が一斉に文法問題を廃止するようなことは想定していません。筆者は自分ができる範囲で，さまざまな機会を通じてこの提案を訴えていこうと思っています。この方向に賛同する機運が少しずつ高まり，文法問題を出題しなくなる私立大学・高校がだんだん増えていくことに期待します。

◆文法問題の廃止が生徒に与える影響
　ここでは，私大入試から文法問題を廃止することがどんな効果を生むのかを説明します。まず，生徒に与える影響です。

　既に述べてきたとおり，私大入試の文法問題には悪い意味での受験英語（日本の大学入試でしか役に立たない知識）がたくさん含まれています。こんな知識を丸暗記するのは時間の無駄です。とりわけ難関大学を受験する「エリート候補生」の高校生たちを無益な学習に駆り立てることは，大げさに言えば日本の国力の低下につながります。

　文法問題を廃止すれば，入試の出題者に残された主な選択肢は**読解問題と作文問題**になります。これらの問いを解く力をつけることは一般的な意味での英語力の向上につながるので，受験生の努力は無駄にはなりません。

　第2の影響はもっと重要です。現在の高校生の英語学習に

は，受験対策という観点から見ても非効率な面があると筆者は思っています。p.42の表を再掲して考えてみましょう。

試験の種類	読解	作文	文法・語彙
① センター試験	80%	5%	15%
② 国公立大の個別試験	70%	30%	0%
③ 私大の個別試験	60%	10%	**30%**

　この表は，入試問題における3つの学習分野のおおまかな配点比率を示したものです。この表を前提として考えると，たとえばセンター試験の対策学習は，読解問題を解くための訓練に8割の時間を充てるのが合理的だと言えます。配点比率の高い分野を重点的に学習するのが入試対策の基本です。

　では，実際に高校生はそのような時間配分で学習しているでしょうか。答えはノーです。筆者の見るところ多くの高校生は，入試の文法問題を解く練習に必要以上の時間をかけすぎています。たとえばセンター試験の場合，狭い意味での文法の知識を問う問題は全体の1割程度です。したがってセンター試験では，文法問題で満点を取ることを目指すよりも，読解問題の得点力を高める方が賢明です。英文を読む訓練を重点的に行えば，その学習は大学に入ってからも役に立ちます。逆に文法問題の対策学習に時間をかけすぎると，他の重要な学習の時間が不足するだけでなく，せっかく学習した内容も受験が終われば意味がなくなります。これは二重の意味で非効率です。センター試験の文法

問題はまだましですが，私大入試の文法問題には実用的な価値のない知識が非常に多く含まれています。

　以上をまとめると，次のようになります。

> ### 私大入試から文法問題をなくす。

⇩

> ### 高校生は無意味な文法学習をする必要がなくなる。空いた時間は他の学習に充てることができる。

⇩

> ### 長い目で見て役に立つ英語力が身につく。

　私大入試から文法問題を廃止すれば，別の効果も生まれます。むしろこれが一番重要かもしれません。それは「**英語教師の意識が変わる**」ということです。

　筆者自身はセンター試験からも文法問題をなくしていいと思いますが，とりあえずセンター試験の文法問題は今のまま残すと仮定してみましょう。私大入試の文法問題がなくなれば，生徒は入試対策の文法学習をセンター試験に一本化することができます。そして，センター試験では私大入試のような「ヘンな英語」はほとんど出ません。**文法の実質的な出題項目は，私大入試よりもセンター試験の方がずっと少ない**のです。一例を挙げます。

> 問 空所に入る適切な語句を1つ選べ。
> A bat is not a bird ( ) than a fish is.
> ① no more ② no less ③ much more ④ any more

　これは2002年にある私大で出題された問いで，正解は④です。文意は「コウモリが鳥でないのは，魚が鳥でないのと同じだ」となります。一般の人は訳文を読んでも「何のこっちゃ？」と思うでしょうが，この問いは次の定番表現を下敷きにしています。

・A whale is **no more** a fish **than** a horse (is).
　　（クジラが魚でないのは馬が魚でないのと同じだ）

ここには，A is no more B than C (is). （AがBでないのはCがBでないのと同じだ）という慣用表現が使われています。受験英語ではよく「クジラの公式」とか「クジラ構文」と呼ばれます。

　この表現は私大の入試では時々出ますが，センター試験では過去に一度も出題例がありません。たぶん今後も出ないでしょう。日常的な表現とは言えないからです。センター試験を作る大学入試センターは文部科学省の下部組織ですから，実用的でない英語がセンター試験に出るとは思えません。

　この例からわかるとおり，**入試対策の文法学習をセンター試験だけに絞ることができれば，高校生の学習の負担は大幅に減ることになります**。現状では私大入試の対策もしなければならないので，それだけ無駄な知識を頭にインプッ

トしなければならないわけです。

　なお,「文法問題は出題しない」という条件を設けた場合,大学入試問題の作成者の負担は多少増えるかもしれません。読解や作文問題の方が,文法問題よりも作る手間がかかるからです。しかしその程度の苦労は作る側にとっても許容範囲でしょう。大学教員も日本の英語教育の一翼を担っているのですから,そのくらいの責任感は持ってもらいたいものです。

◆文法問題の廃止が参考書に与える影響

　次に,私大の入試から文法問題を廃止した場合に,文法参考書や問題集がどう変わるかを考えてみます。たとえば現状では,入試対策の文法問題集は「センター対策」「私大対策」のように分冊されてはいません。センター試験の過去問と私大の過去問とが,1冊の本の中に混在しています。すると,こんな弊害が起きます。

　Aさんは地元国立大が第一志望で,センター試験とその国立大の二次試験しか受験するつもりはありません。すべり止めとしてセンター利用方式を採用している私大にも出願しています。この場合,Aさんにとって必要な文法学習は,センター試験対策だけです。しかし自分の学校で使っている問題集には私大の過去問も入っているので,その問題も勉強しなければなりません。これはAさんにとっては時間のロスでしかありません。

　私大入試から文法問題が廃止されれば,まずAさんが

使っている文法問題集がうんと薄くなります。センター試験の過去問しか扱わないのだから当然です。Aさんの学習にも時間のロスが生じません。

　では，センター試験を受けないで私大だけに願書を出したB君はどうでしょう。私大で文法問題が出なくなれば，B君はもう文法問題の対策学習をする必要が一切なくなります。空いた時間はリーディングやリスニングなど別の学習に充てればよいのです。その学習は，B君が大学入学後にTOEICテストを受験する際の基礎学力をつけるのにも役に立ちます。

◆文法学習＝怠け者の逃げ道

　筆者は予備校の教壇にも立っていましたが，予備校の英語の授業は主に「読解」と「文法」に分かれます。ベテランは読解の講座を，若手は文法の講座を担当するのが一般的です。その理由は，読解（リーディング）を指導する方が技術的に難しいからです。それに比べて文法の指導は簡単です。知識が少なくても授業が成り立つことに加えて，「このフレーズが入試に出るぞ」「この文は丸暗記しとけ」のようなメリハリをつけやすいからです。また，英語の苦手な生徒ほど文法の授業に食いつきます。生徒の側も，読解の学習より文法の学習の方が楽だと知っているからです。文法の全体を理解するのは大変ですが，部分的に「今日はこれだけ覚えた」と思えば達成感が沸きます。それに比べて読解の学習には果てがなく，自分の力がどれだけ伸びてい

るのかも本人にはなかなか実感できません。入試対策としては読解問題を解く練習をする方が重要ですが、高校生が長い英語の文章を読んで問題を解こうとすれば30分〜1時間程度はかかります。その負担感が頭に浮かんで勉強に着手する気が起きないという生徒が大勢います。
学校の教師も、文法の指導を好みます。新課程の「英語表現」という科目で実質的に文法の授業が展開されると予想されるのもその一例です。そして大学の入試問題作成者も、作るのが楽な文法問題を好みます。自分の頭の引き出しから定番の受験英語の知識を出してきて適当に並べれば作業完了です。

　要するに**英文法とは、学ぶ側にとっても教える側にとっても、一種の「麻薬」です**。その麻薬の悪影響は、学ぶ側により強く作用します。「今日は疲れたから勉強する気が起きないや。でも英語はやらなくちゃ。単語を10個くらい覚えて、あとは文法の問題を数題解いて終わりにしよう」－この習慣を繰り返すうちに、本当に大切な（しかし手間のかかる）リーディングなどの学習からずっと逃げ回ることになります。**私大の入試から文法問題を排除するという案は、怠け者たちの逃げ道をふさぐという意味を持つこと**になるのです。

◆**文法問題は本当に必要か？**
　そもそも、入試の文法問題は本当に必要なのでしょうか。他のテストと比較して考えてみましょう。

たとえばTOEICテストには，1問1答式の文法・語彙問題（短文の空所に入る正しい語句を選ぶ問い）が出題されます。そこで問われる文法事項は非常に分野が限定されており，おおまかに言えば「空所に入る語はどんな形にするのが正しいか」という問いが中心です。TOEICテストを主催する国際ビジネスコミュニケーションズ協会が出版している「TOEIC公式ガイド&問題集」から1つ例を挙げてみます。

> Check ( ) that information on the bill and the receipt match exactly before submitting your records.
> (A) care　(B) careful　(C) carefully　(D) carefulness

　この問いの正解は(C)で，文意は「記録を提出する前に，請求書と領収書の情報が正確に合っていることを慎重に確認しなさい」です。文の構造から考えて，空所には副詞のcarefully（注意深く）が入ります。

　この問題が解けなければ，英語の文を作るための基本的なルールが理解できていないことになります。したがってこのような文法問題なら出題する意味があります。しかし私大の入試問題全体を見渡すと，この問いのような質の高い文法問題が占める比率はおそらく半分以下です。ダメな問いの方が多いのだから，一律禁止にする方が学習者にとっての被害は少なくて済みます。

　次に，日本の中学・高校生を対象として英語力判定テストして最もポピュラーな「英検」（実用英語技能検定）はど

うでしょう。英検には易しい順に5級から1級までありますが、2級がセンター試験と同じくらいのレベルです。級が上がるごとに文法問題の出題比率は少なくなり、1級では実質的に文法問題は全く出ません。このレベルになると文法の知識は身に付けているのが当然とみなし、それをどう実用的に使えるかが問われます。

また、p.26で紹介した韓国のNEATでも、文法問題は出題されません。日本の大学入試では伝統的に文法問題を入れることを当然と考えています（だからセンター試験にも入っています）が、実用的な英語力を尋ねたいのなら文法問題は必要ないと筆者は思います。

◆文法問題を出題しない大学

私大でも文法問題を一切出題しない大学はかなりあります。その多くは偏差値の高い大学です。たとえば関西でトップレベルの私大と言えば関関同立ですが、これらの大学での文法問題（1問1答式）の出題状況は次のとおりです。(2012年度入試。○＝文法問題あり、×＝文法問題なし)

関西大	関西学院大	同志社大	立命館大
×	○	×	○

さらに、日本で最難関の私大と言われる早慶上智についても見てみましょう（2012年度入試）。これらの大学では学部ごとに問題が違います。

	○（文法問題あり）	×（文法問題なし）
早稲田大	法，社会科学，人間科学	文，商，理工，教育，国際教養，文化構想
慶応大	法，商，理工	文，経済，総合政策，環境情報，医，薬，看護医療
上智大	外国語，法，経済，文，理工，総合人間，神	－

※整序作文問題および語彙の知識を問う空所補充問題は，文法問題とはみなしません。

　このように文法問題は，大学入試に必ず出ているわけではありません。上表で「×」のつく大学や学部が増加することが筆者の願いです。

◆この案を実現するための道筋

　次に，私立大学・高校の入試から文法問題を撤廃するという案を具体化するための方法について考えてみます。一番手っ取り早いのは，この本が社会現象になるほど売れて，英語教育村の人たちがこの本の内容を無視できなくなることでしょう。しかし世の中はそんなに甘くないでしょうから，筆者は次のようなロードマップを頭に描いています。

　文部科学省の指導による「上からの改革」は期待できないので，草の根的な運動がベースになります。筆者1人が叫んでも大きな声にはならないので，ある種の民間グループが活動の主体になればいいと思っています。特定の大学や地方の英語研究学会とか，有志の研究グループなど，母

体は小さくてかまいません。ただし後述するように，その母体を作るのが一番難しいでしょう。

仮にそういう研究グループができたとして，その団体は主な活動として「**すべての私立大学・私立高校の入試（主に文法問題）の査定**」を行います。査定の基準は，これまで述べてきたように「実用に役立たない悪い意味での受験英語が含まれているかどうか」です。ここでマイナス点の大きい大学は，実名を公表します。筆者が単独でそれをやると大学から営業妨害だと訴えられかねないので，ある程度の権威と客観性の担保は必要でしょう。

その過程で，個々の入試問題に対して「どんな点がよくないのか」を分析した資料をリリースします。こうした活動を通じて，**大学入試や高校入試の出題者の意識改革を促し，結果的に入試問題の質を高めていく**ことが最終目標です。問題の質を高めるとは，「対策学習を通じて実用的な英語力も向上するような入試問題にしていく」という意味です。

この活動は実質的に入試問題にイチャモンをつけることがメインになるので，**大学を敵に回す**ことになります。筆者は気軽な立場ですが，アカデミックな世界に身を置く人はこのような活動には参加しづらいかもしれません。筆者が音頭を取って高校の先生などから有志を募るという手もありますが，そのあたりは今のところよく考えていません。一朝一夕に実現する話ではありませんが，AKB48もデビュー当時は大きな話題にはなりませんでした。AKBと

までは言いませんが、筆者の思いが少しずつでも入試問題の質の改善につながればと願いながら、個人的な啓蒙活動は今後も続けてい4くつもりです。

◆ **どんな文法問題を廃止するか**

ここからは各論に入ります。一口に文法問題を廃止すると言っても、具体的にどんな問題が文法問題なのかを定義づけておく必要があります。p.99で示した4つの主要な設問形式について、個別に考えてみましょう。

(1) 空所補充問題

語彙の知識をストレートに問う問題はセーフです（出題してかまいません）。たとえば次のような問いです。

> 問 空所に入る適切な語句を1つ選べ。
>
> The answer to the (　) was difficult to imagine.
> ① blade　② flame　③ riddle　④ stake

これは2012年度に立命館大で出題された問いです。正解は③、文意は「そのなぞなぞ（riddle）の答えを想像するのは難しい」。blade（刃）、flame（炎）、stake（杭、掛け金）では意味をなしません。このような「単語の意味を正確に知っているかどうか」を測る問いは、センター試験やTOEICテストでもよく出題されています。筆者の経験上も、語彙力と総合的な英語力との間には強い相関があります。「単語をたくさん知っている人ほど英語ができる」ということです。

一方，次のような問いはアウトです（出題禁止にすべきです）。

> **問** 空所に入る適切な語句を1つ選べ。
> I have a strong objection (　) treated like this.
> ① to be ② to being
> ③ whether I am ④ whether I should be

この問いの正解は②，文意は「私はこのように扱われることがひどく嫌だ」です。ちなみにこれはセンター試験の問題（1994）で，「to の後ろに動名詞を置く」という点がポイントです。このタイプの文法知識を問う問題は，私大では出題してほしくありません。質の低い問いが混在する可能性が高いからです。

【参考】センター試験のこの問いも，文法問題のために作った文という感じがしないでもありません。普通は I hate [don't like] being treated like this. のようなシンプルな言い方をするでしょう。

(2) 整序作文問題

基本的にセーフでいいでしょう。英語の文を作る力をつけるという観点から言えば，この形式の問いには一定の意味があります。ただし本来は，和文英訳問題の方がベターです。整序作文では文法的に正しい文を作ることが目的化してしまい，その文が実際にどう使われるかという点への配慮がおろそかになりやすいからです。1つ例を挙げます。

> **問** [ ]内の語句を並べ換えて英文を完成せよ。
> 私が今,このように成功しているのはあなたのおかげです。
> [I / it / owe / that / to / you] I am now so successful.
> ① I ② it ③ owe ④ that ⑤ to ⑥ you

　これは2007年にある私大で出題されたものです。正解はI owe it to you that (I am now so successful). で,後ろのthat節を指す形式目的語のitを尋ねています。完成した文はもちろん正しい英語ですが,使うとしたら手紙やメールなどのフォーマルな書き言葉の中でしょう。問題の和文を英語に直せと言われたら,I owe my (present) success to you. と書けば満点がもらえます。話し言葉ならこちらの方が普通でしょう。そう考えると整序作文という形式は,別解が生じるのを防ぐという採点上の都合から,**定型的な表現を丸暗記する作業に学習者を誘導する**傾向があります。これでは表現力は身につきません。日本語でも英語でも,表現力をつけるためには「**自分の言いたいことを相手に伝えるための最も適切な表現を,試行錯誤しながら考えていく**」という思考過程が大切です。したがって書く力や話す力を養うのに最も適したテストの形式は,和文英訳や自由英作文のような記述式問題だと言えます。受験者の書いた英文を機械が判定するシステムが,大学入試にもできるだけ早く導入されることに期待します。

(3) 正誤判定問題

近年の大学入試ではよく見られる形式です。以前はTOEICテストでも出題されていました。しかし筆者は，この形式は**全部アウト（全面禁止）にすべき**だと思います。最大の理由は，**出題者が現実の英語に無知であるために，確信犯的な悪問を生みやすい**ことです。次の問いもその例です。

> **問** 下線部が誤っているものを1つ選べ。
> ①<u>Of</u> the two cars our family ②<u>have</u>, the red ③<u>one</u> is the ④<u>cheapest</u> to run.

これはある公立大学で2010年に出題された問いです。出題者が想定した正解は④（→ cheaper）で，文意は「私たちが持っている2台の車のうちで，赤い方が走るのが安い［燃費がよい］」です。学校英語では「後ろに of the two（二者のうちで）があるときは比較級に the をつける」という文法のルールを学びます。しかし実際の英語では，後ろに of the two があるときでも最上級も使われます。この文の cheapest は，このままでも間違ってはいません（ネイティブに確認済み。センター試験でこの知識が問われたことはありません）。出題者の知識不足による悪問の例です。

ちなみに筆者の印象では，国公立大学二次試験の文法問題（出題は国公立の中では偏差値の低い大学に限られます）には質の低いものが多く含まれています。荒っぽいまとめ方をすれば，**文法問題を好む出題者ほど英語力が弱い**と筆者は思っています。

(4) 書き換え問題

これは議論の余地がありません。**全部アウトにすべきです**。特に私立高校の入試には,実用的な価値の低い定型表現を問うものが多く含まれています。大学入試の書き換え問題は昔に比べてずいぶん減りましたが,まだこんな例も残っています。

> **問** 2文がほぼ同じ意味になるよう,空所に適切な語を入れよ。
> (a) I suggested that we should set off at once.
> (b) I said, "( ) set off at once."

これは2010年にある国立大で出題されたものです。正解はLet's。文意は (a) が「私は我々がすぐに出発するべきだと提案した」,(b) が「私は『すぐに出発しよう』と言った」となります。「話法」という文法分野に関する問いで,学校文法では「Let's を使った直接話法の文を間接話法で言い換えるときは,伝達動詞として suggest を使う」と説明します(こんな説明は読み飛ばしていただいて結構です)。

p.99 で「書き換え信仰」という話をしましたが,この問いもその典型例の1つです。こんなものは筆者に言わせれば英語の知識ではありません。単なるパズルです。そもそも (a) と (b) の意味はかなり違います。(a) は「私は提案した」と言っているだけであり,口に出したとは限りません。携帯メールで提案してもいいわけです。仮に口に出したとしても,Let's 〜ではなく Why don't we set off at once? (すぐ出発しようじゃないか) と言ったかもしれません。こ

の問いは「let's ←→ suggest」という丸暗記の知識を尋ねているにすぎません。こんな問いばかり解いていると、学習者は自分の頭で物を考えなくなってしまいます。そして、書き換え問題の大半はこのような性格のものです。

この問いを現実のコミュニケーションの場面に置いて考えても、問題点が浮き彫りになります。

  (a) I suggested that we should set off at once.

  (b) I said, "Let's set off at once."

「私は『すぐに出発しよう』と言った」という情報を相手に伝えたいとき、話し手が最も使いそうな文は(a)でも(b)でもありません。たとえば次の文の方が普通でしょう。

  (c) I suggested starting immediately [right away].

話す力をつけるという観点から言えば、高校生は(c)の文が瞬時に頭に浮かぶような学習をすべきです。「直接話法から間接話法への書き換え」など、何の役にも立ちません。

◆文法学習とは何か？

私大入試の文法問題をさんざんけなしてきましたが、筆者は決して文法が嫌いでも苦手でもありません。むしろ文法オタクです。だからこそ質の低い文法問題を見ると、「この出題者は本当の意味での文法がわかっていない」という感想を持つわけです。文法は英語の4技能から遊離したものではなく、文法知識が英語を読んだり書いたり話したりする中で活用できて初めて意味を持ちます。日本の学校で行われている英文法の学習はまさに「畳の上の水練」であり、

実際のコミュニケーションに応用する訓練が決定的に不足しています。

橋下市長が指摘したとおり，今日の英語教育に求められている学習の中心は，**話す力をつけること**であるべきでしょう。たとえば英文を読んだり聞いたりしたときに no sooner ～ than ...（～するとすぐに…）という表現が出てきたとします。この表現の意味がわからなければ，辞書をひけば済むことです。このように「英語を理解するための文法知識」は，自分自身で身につけることができます。しかし，話すための知識はそうではありません。それはなぜか？**実際のコミュニケーションでは，単に「文法的に正しい英文が作れる」というだけでは不十分**だからです。

日本人は英会話が苦手だと言われますが，それは当然です。次のようなイメージで考えるといいでしょう。

会話に必要な知識
| 基礎的な語彙力 | 基礎的な文法力 |

会話力の基礎としては語彙力や文法力が必要ですが，それだけでは全く足りません。プラスαの知識がないと会話はできないのです。そして**会話に必要なプラスαの知識の量は，一般の人が思っている以上に膨大**です。「中学の英文法だけで会話ができる」というのは全くのウソではありませんが，たとえば仕事が終わって退社するとき「お疲れ様」と言うにはどう表現したらいいか？と問われて，すぐに英語が出てくる人は日本人としてはかなり優秀な部類に入り

ます。これは文法ではなく、広い意味での表現力の問題です。こんな基本的なコミュニケーションさえおぼつかない会話力しか持っていないのに、no more than だの make it a rule to だのといった実用性の低いフレーズばかりを頭に詰め込んでいる暇はないはずです。受験英語、とりわけ入試対策の英文法学習が、本来行うべき英語学習の邪魔をしているのです。この悪循環を変えなければ、話す力はいつまでたっても身につきません。

　※「お疲れ様」は Have a nice evening. などで表現できます。それに対する返答は You, too. Good night. などです。

◆**文法学習と「話す力」**

話す力をつけるという観点から言えば、従来の英文法にはいくつかの大きな問題があります。それらを1つずつ見ていきます。

最大の問題は、**従来の学校英語が「書き言葉と話し言葉の違い」を全く考慮していない**という点にあります。例を1つ挙げます。

> 私たちが結婚して10年になります。
> 　(a) It is [has been] ten years since we got married.
> 　(b) Ten years have passed since we got married.
> 　(c) We have been married for ten years.

これも「書き換えの公式」として高校生がよく丸暗記させられる知識の例です。確かにこの3つの英文が表す内容は同じですが、**「会話ではどの文を使うのがよいか」**を今ま

での学校文法は教えてきませんでした。(a) ～ (c) の３つの文のうちで，話し言葉で最もよく使うのは (c) です。**会話で好まれるのはシンプルな文構造を持つ短い文**であり，(a) よりも (c) の方がシンプルです。(b) の直訳は「私たちが結婚して以来 10 年が過ぎた」ですが，日本語で考えても何となく堅苦しい文だと想像できるでしょう。この形はフォーマルな書き言葉で使われます。

(c) の文を口に出して言うときはほぼ 100 ％，We've been ... のように短縮形が使われます。その結果しばしば「ウィベン」のように聞こえます。ここまで意識して (c) の文を何度も読めば，話す力も聞く力も同時に高めることができます。このような学習が，英文法の知識を肉付けして会話に使えるようにするということです。もう１つ例を挙げてみましょう。

とても疲れていたので私は早く寝た。

(a) I was <u>so</u> tired <u>that</u> I went to bed early.

(b) <u>As</u> I was very tired, I went to bed early.

(c) I was very tired, <u>so</u> I went to bed early.

高校生の英作文なら (a) を書く生徒が多いでしょうが，３つの文のうちで最も口語的なのは (c) です。したがって，話すという観点から言えば「so ＝だから」とだけ覚えておけば，これに似た文をいくらでも作ることができます。会話の中で「とても疲れていたので私は早く寝た」と言いたいとき，自信を持って (c) を使えるようになることが大切

なのです。

◆「書くための文法」と「読むための文法」

　少しディープな英文法に入り込みますが，英語学習者にとって無駄にはならない話なのでお付き合いください。

　学校で使う文法問題集などによく載っている悪問の例を1つ取り上げます。

> **問** 2文がほぼ同じ意味になるよう，空所に適切な語を入れよ。
> (a) As I was sick, I stayed at home all day.
> (b) (　) sick, I stayed at home all day.
> （病気だったので私は1日中家にいた）

　この問題を見て「確かに悪問だ」と思えるような感受性を，できるだけ多くの英語指導者に持ってもらいたいと筆者は考えています。この問題のどこが悪いのか？それはズバリ，(b)のような文は日常的なコミュニケーションで使わないからです。(a)でさえ，日常的には I was sick, so I stayed at home all day. の方が普通です（ただし話し手が病気だったことを相手も知っている状況なら，(a)も自然です）。

　(b)は分詞構文の例であり，学校英語では(a)→(b)のような書き換えによって「分詞構文の作り方」を学ぶのが普通です。ところで，私たちが日常的なコミュニケーションをするとき，分詞構文を使う必要が本当にあるのでしょうか？その疑問に対する筆者の答えは次のようになります。

　① この例のような「文の最初に〜ing形を置く形」は，

知らなくてかまいません（会話では使わないので）。
② 一方，文中で「〜しながら」の意味を表す〜 ing 形は，使えると便利です。

②のタイプの〜*ing* 形は，次のように使います。

・I stayed at home all day, **playing** video games.

（1日中家にいたよ。テレビゲームをしながらね）

話し言葉で使う分詞構文としては，このような使い方だけ知っていれば十分です。

では，(b) の Being sick, ... のような分詞構文は，どんな場合に使うのでしょうか。それは主に，小説やエッセイなどの主観的な文章の中です。新聞記事などの客観的文章中の分詞構文（〜*ing* 形を使うもの）は，たいてい文中に次のような形で出てきます。

> The British liner Titanic sank on its first voyage, **resulting** in the deaths of some 1,500 passengers.
>
> （イギリス客船タイタニックは最初の航海で沈み，約 1,500 人の乗客が死亡する結果となった）

これは 2010 年のある私大の入試問題から抜粋した文です。resulting in ... は「そして…の結果になった」という意味です。このように説明文中などで出てくる〜*ing* 形の分詞構文は，文中でコンマの後ろに置いて「そして〜」「それは〜なのだが」のように補足的な情報を加える働きをするのが普通です。英文を読むためには，これだけを知っておけばほぼ間に合います。

以上の説明から一般の学習者が分詞構文（〜*ing* 形を使うもの）について知っておくべきことをまとめると，次のようになります。

話すための知識	文中で〜*ing* 形を使って「〜しながら」の意味を表すことができる。
読むための知識	文中の「コンマ+〜*ing*」が「そして〜」「それは〜なのだが」の意味を表す。

　そこで，最初に示した問いをもう一度見てみましょう。

　　(a) As I was sick, I stayed at home all day.
　　(b) (　) sick, I stayed at home all day.
　（病気だったので私は1日中家にいた）

　この問いは，学習者に対してどんな知識を与えようとしているのでしょうか。一見すると「分詞構文の作り方」を教えようとしているように見えますが，(b)のような文は会話では使わないのだから，こんな作り方を覚えても意味はありません。では「分詞構文の読み方」でしょうか。確かに(b)の文は物語などでは目にする可能性がゼロではありませんが，そもそも物語文はセンター試験にも私大入試にもほとんど出題されません。したがってこのような学習は，入試対策としてもほとんど役に立ちません。一方で，こんな「書き換え」を教えたがる参考書や教師は，ここに示した「本当に大切な分詞構文の使い方」を軽視あるいは無視しています。

　こんな事態が起こるのは，最初に誰かが作った文法的説明を正しい（あるいは役に立つ）ものと信じ込んで，学習

参考書や教師が惰性でそれを引き継いできたからです。現実のコミュニケーションを前提として「この知識は本当に役立つのだろうか」という批判的な目で今日の学校文法を見直すなら、改善すべき点は無数にあります。英語教育村の人々は、お互いに足を引っ張り合いながら、自分たちの怠慢を自己弁護しているのです。

◆「文をどう読むか」という視点

せっかくですから、英文法をコミュニケーションの視点から考えるための例を、別の角度から説明しておきます。話す力をつけるためには、英語の文を正しく読めなければなりません。では、ここで問題です。**次の2つの文を正しく発音できますか？**

(a) English is spoken around the world.
(b) English is spoken in Britain.

「読むだけなら簡単じゃないか」と思うかもしれませんが、「どの単語を強く読むか」を考えてみてください。それを判断するためには、この2つの文が次の意味であることを知らねばなりません。訳文(助詞)の違いに着目してください。

(a) <u>英語は</u>世界中で話されている。
(b) イギリスでは<u>英語が</u>話されている。

(a)の文は「英語がどこで話されているのかと言えば、それは世界中だよ」という情報を伝えようとしています。一方(b)の文は、「イギリスで何語が話されているのかと言え

ば，それは英語だよ」という情報を伝えるのが目的です。英文法の重要な概念の1つに「**情報構造**」という考え方があります。それによれば，文の基本的な目的は「**新情報**」(相手の知らない情報) を伝えることにあります。これに対して，相手も知っている情報を「**旧情報**」と言います。(a)(b)の文の情報構造は次のようになっています。

 (a) <u>English</u> <u>is spoken</u> around the wórld.
   旧   新

 (b) <u>Énglish</u> <u>is spoken in Britain</u>.
   新   旧

 英文は，「旧－新」の順に情報を並べるのが標準的な形です。だから (a) はノーマルな文ですが，(b) はその順序が逆転しています。そうなる理由を日本語訳で考えてみましょう。(b) を「<u>英語は</u>イギリスで話されている」と訳すと誤りです。英語が話されている国はイギリスだけではないからです。「イギリスでは<u>英語が</u>話されている」と訳せば，事実に合います。この訳語から，English が新情報であることが理解できるでしょう。

 新情報と旧情報の違いは，強勢（強く読むところ）の位置に反映します。新情報は相手に伝えたいことの中心になるので，これを強く読みます。したがって **(a) では world が，(b) では English が強く読まれます**。もう1つ例を見てみましょう。

> **問** 2文がほぼ同じ意味になるよう，空所に適切な語を入れよ。
>
> (c) My father gave a cute hat to me.
> (d) My father (　)(　) a cute hat.

　これは2011年のある私立高校の入試問題です（正解はgave, me）。(c)も(d)も「父は私にかわいい帽子をくれた」という意味だから，この問いに何も問題はないだろう考える人も多いでしょう。しかし情報構造によって文の意味をとらえる考え方が一般的になった今日の英文法では，高校生向けの参考書でも「**(d)の方が普通の言い方だ**」と説明しています。その理由は次のとおりです。

一般に，**人称代名詞（ここではme）は旧情報を表します。また「a/an＋名詞」は新情報を表します**。そこで，(c)(d)の情報構造は次のようになります。

　(c) My aunt gave <u>a cute hat</u> <u>to me</u>.
　　　　　　　　　　新　　　　　旧
　(d) My father gave <u>me</u> <u>a cute hat</u>.
　　　　　　　　　　旧　　　新

　前述のとおり，英語では「旧－新」の順に情報を並べるのがノーマルです。だから文の最後に新情報を置く(d)の方が自然に響きます。**(d)の新情報はa cute hatなので，ここを強く読みます**（普通はhatの方を強く読みますが，「かわいい」という意味を強調したければcuteにも強勢を置きます）。では次の2つの文はどうでしょうか。

(e) My father gave the cute hat to me.
(f) My father gave me the cute hat.

この場合は(e)の方が自然です。情報構造は次のようになります。

(e) My father gave <u>the cute hat</u> <u>to mé</u>.
　　　　　　　　　　　旧　　　　　新

なぜなら，「the＋名詞」は旧情報を表すからです。この文が伝えようとしているのは「父が（あなたも知っている）そのかわいい帽子をくれた相手は，（他の人ではなく）私です」という情報です。したがってmeに強勢を置きます（人称代名詞は普通は旧情報を表しますが，強く読めば新情報を表すことができます）。これらの例からわかるように，英語の文でどこを強く読むかについては，次のように覚えておくとよいでしょう。

文の最後に置かれた要素 (新情報) を強く読むことが多い。

英語の発音に慣れていない人でも，たったこれだけの決まりを覚えておくだけで，英語らしいイントネーション（音調）にだいぶ近づくことができます。

ややこしい説明に入り込みすぎたかもしれませんが，ここで言いたかったのは次のことです。

(a)〜(f)の例からもわかるとおり，文には「情報を伝える」という目的があります。それぞれの文が伝えようとしている情報の中心はどこにあるのかを考えることによって，

どの語を強く読むかがわかります。逆にそれを意識しなければ，English is spoken in Britain. のような単純な文でさえ正しく読むことはできないのです。この例からも，**実際のコミュニケーションを行うためには「文法的に正しい文を作る」という知識だけでは全然足りない**ことが理解できるでしょう。

　一般読者がこの説明を読んで「こんなことは知らなかった」と思ったとしても，それは当然です。しかし英語を教えたり英語の入試問題を作ったりする立場の人なら，この程度のことは知っていなければなりません。

　話のついでに，前に出した文をもう一度見ておきます。

(g) <u>As I was very tired,</u> <u>I went to bed early</u>.
　　　　　旧　　　　　　　　　　新

(h) <u>I was very tired,</u> <u>so I went to bed early</u>.
　　　　　新　　　　　　　　　　新

　(h) の so（等位接続詞）は，前後を対等の関係で結びつけます。(h) の話し手は，最初に「とても疲れていた」という新情報を提示し，それに「だから早く寝た」という別の新情報を加えています。一方 (g) の as（従属接続詞）に続く部分は「（君も知ってのとおり）疲れていたからね」という前置きにすぎず，コンマの後ろが伝えたい情報の中心になります。(h) の so I went to bed early が「後からくっつけた要素」であるのに対して，(g) は「大切な情報を（もったいぶって）後ろに回そう」というビジョンを持って As I was very tired という前置きを入れています。話し言葉では思いついた順に言葉を並べるのが普通だから (h) が好まれます。書き言葉では全体の形をあらかじめ考えた上で文を作ることが多いので (g) が好まれるというわけです。

◆「英語のセンスを磨く」ということ

　ことばの学習は、結局は「慣れ」です。橋下市長が言うように、アメリカでは小学生でも英語を話します。私たち日本人はどんなに努力してもネイティブの英語力にはかないませんが、少しでも自然な英語を使えるようになることを学習の目標とすべきでしょう。その学習過程の中で、「不自然な英語」に接することは大きなマイナスとなります。

　入試問題や文法問題集・参考書の中には、日本人が作った不自然な英文がたくさん見られます。そのような英語を示すことは、学習者が英語のセンスを高める上で大きな障害となります。「アメリカに語学留学して戻って来た友人に会ったら、下品な英語のスラングを連発するようになっていた」といった話からもわかるとおり、言語の習得はどんな学習素材に身をさらすかによって大きな影響を受けます。**日本人の英語が下手なのは、若者が学校の授業や受験参考書を通じて不自然な英語に慣れてしまい、英語のセンスが鈍くなっていることにも大きな原因があります。**

　「英語のセンス」とはどのようなものかを、簡単な例を使って説明してみます。次の日本語を英語に直せますか？

> 象は鼻が長い。

　ネイティブはこの内容を表す自然な英文を瞬時に作ることができます。一方日本人は，たったこれだけの内容を英語で表現するにもいろんな知識を動員しなければなりません。正解例は次のとおりです。

> Elephants have long trunks.

　英文法の学習は，この文を瞬時に口に出して言えるくらいの「英語のセンス」を身につけることだと言ってよいでしょう。その学習プロセスの中で，The trunk of an elephant is long. のような「文法的には正しくても自然ではない文」を学習者に示すべきではありません。入試問題の作成者や参考書・問題集の著者には，そのあたりまで配慮してもらいたいと思います。

【参考】この正解例の英文に対していろんな疑問を持つ読者のために，文法的な説明を加えておきます。
(1) 次の2つの文を比べてみます。
　(a) Elephants have long trunks.
　(b) Elephants have a long trunk.
　これはどちらでもかまいません。筆者の経験では，elephants（複数形）に形をそろえて trunks を使うネイティブの方がどちらかと言えば多いようです。(b) は「象は1頭につき1本の長い鼻を持っている」の意味で，このような単数形の使い方を「配分単数」と言います。

(2) (a) は主語の Elephants によって「象について言えば」という主題を提示し，それに「長い鼻を持っている」という新情報を加えるという構造になっています。(a) と次の文を比べてみます。

(c) The trunks of elephants are long.

(d) The trunk of an elephant is long.

これらは文法的には正しい文ですが，自然とは言えません。(a) の方が普通の言い方です。英語の文には (a) のような SVO（第3文型）の形が最も多いということを知っておくとよいでしょう。また，(c)(d) のような「主語が長い文」は英語では好まれません。

(3) (a) と次の2つの文を比べてみます。

(e) An elephant has a long trunk.

(f) The elephant has a long trunk.

これらも文法的には正しく，使っても間違いではありません。日常会話では (a) が最も普通の言い方です。(a) は「すべての象は長い鼻を持っている」，(e) は「どの1頭の象をとってみても長い鼻を持っている」，(f) は「（君も知っている）例の象という生き物は長い鼻を持っている」くらいの意味です。(f) は堅い言い方で，辞書の定義などで使われます。

◆**本書のまとめ**

　最後に, 筆者がこの本で言いたかったことを箇条書きにしてまとめておきます。

●英語教育村の人々へのメッセージ
① 日本の英語教育を妨害している主因は私立大学・私立高校入試の文法問題であり, これらを全廃すべきです。
② 大学と癒着した文部科学省に, 大学の不利益になるような入試改革を期待するのは非現実的です。
③ 教師と入試問題の作成者は, 英語をもっと勉強してください。
④ 出版社にも, 日本の英語教育の質を低下させている責任の一端があります。
⑤ 英語教育村に安住しないでください。一人でも多くの村民が立ち上がることを期待します。

●英語学習者へのメッセージ
① 話す力をつけることを目標としてください。
② 話す力をつけるには, 文法学習だけでは足りません。
③ 入試対策の文法学習に時間をかけすぎてはいけません。
④ 学習に近道はありません。楽な道に逃げていては本当の学力はつきません。

付録
入試に出題された悪問の例

　最近15年間ほどの私立大学・私立高校入試の文法問題から抜粋した悪問（と筆者が判断した問い）の例と解説を示します。学校の実名を出してもいいのですが，武士の情けでトップ校以外は匿名にしました。昔習った英語をある程度覚えていたり，現在TOEIC対策などで英語を勉強したりしている人は，学習の参考にしてください。また，読者の中にもし大学入試や高校入試の出題者がおられたら，こんな問題は出さないようにしていただきたいと思います。「そこまで厳しく言わなくてもいいだろう」と思われそうなものも含まれていますが，関係者の意識の向上に資するためにあえてシビアに査定しました。なお，⬚大学⬚は大学入試，⬚高校⬚は高校入試の例です。体裁を統一するため設問文の表現などは多少変えている場合もありますが，内容は元のままです。

(1) 出題者の知識不足から生じる悪問

◆文構造の誤り (1) 大学

> **問** 与えられた語句を並べ替えて英文を完成し，(*) に入る語句の番号を答えよ。ただし不要なものが１つ含まれている。
>
> 日本人は，昔写真を撮られることを恐れていた。
>
> Japanese people (　)(*) afraid (　)(*)(　) photos.
>
> ① be　② taken　③ used to　④ being　⑤ of　⑥ was

＊出題者の想定した正解は，(Japanese people) used to be (afraid) of <u>being taken photos</u>. でしょう。しかしこの文の下線部に違和感を覚えないようでは，英語を教える資格はありません。たとえば「私は写真を撮られた」を I was taken photos. と表現することはできません。正しくは I had [got] my photo(s) taken. です。したがって日本文の意味を表すためには，英文は Japanese people used to be afraid of <u>having their photos taken</u>. としなければなりません。

◆文構造の誤り (2) 大学

> **問** 空所に入る適切な語句を１つ選べ。
>
> At the medical check-up, I was (　) a serious liver disease.
>
> ① told to have　　　　② said to be
> ③ pointed out that I had　④ showed that I was

＊ある私大の医学部の問題ですが，正解がありません。「健

康診断で私は深刻な肝臓病だと言われた」のような意味かと思いますが、どの選択肢を入れても文法的に明らかに間違った文にしかなりません。出題者はどれを正解だと思ったのでしょうか。こんな問いを解かされる受験生が気の毒です。

◆「正解はこれしかない」という誤解 (1) 高校

> 問 空所に入る適切な語句を1つ選べ。
> ( ) your coat! You will catch a cold.
> ① Wear ② Take off ③ Put on ④ Dress

＊文意は「コートを着なさい！風邪をひきますよ」。出題者が想定した正解は③で、「wear は状態動詞だから命令文にはしない」と思ったのでしょう。しかし筆者がネイティブに確認したところ、「①でも全く問題ない」とのことでした。

◆「正解はこれしかない」という誤解 (2) 大学

> 問 空所に入る適切な語句を1つ選べ。
> I'm not the man ( ) I was when I met you before.
> ① that ② who ③ whom ④ which

＊文意は「私は（今では）以前あなたに会ったときの私ではない」ですが、次に挙げる多くの欠点を持つ悪問です。
(1) 出題者の想定した正解は①でしょうが、③も④も許容されます。
(2) 空所には何も入れないのが最も自然です。

付録 入試に出題された悪問の例　157

(3) 会話ではこんな言い方はしません。たとえば I've changed a lot since I met you before.（私は以前あなたに会ったとき以来ずいぶん変わった）などの方が自然です。

（2）使用頻度の低い知識を問う悪問

◆条件を表す分詞構文 〔大学〕

> 問 2文がほぼ同じ意味になるよう，空所に適切な語を入れよ。
> If you turn to the right, you will find the station.
> ＝ (　) to the right, you will find the station.

＊ダメな問題の典型です。「右へ曲がれば駅が見つかります」という意味ですが，下の文は意味が通りません。<u>Turning to the right, you will find the station.</u> という文を自然な英語と認めるネイティブは皆無と言っていいと思います。しかしこれと同様の「条件を表す分詞構文」の書き換え問題が，今でも一部の文法参考書や問題集に載っています。この知識は，英語教育村に巣食う亡霊の一匹と言っても過言ではありません。

◆譲歩を表す分詞構文 〔大学〕

> 問 2文がほぼ同じ意味になるよう，空所に適切な語を入れよ。
> (a) Admitting he has a point, I still think that I am right.
> (b) (　)(　)(　) he has a point, I still think that I am right.

＊文意は「彼（の言うこと）に一理あることは認めるが，それでも私は自分が正しいと思う」。(a) は間違いとまでは言いませんが，学ぶ価値のない知識です。文法参考書では「分詞構文が譲歩を表す場合がある」と時々説明されていますが，その例として挙げられるのはもっぱらこの admitting ～（～ということは認めるが）です。しかし，(a) のような文を不自然だと言うネイティブは大勢います。

◆ of an age（同い年だ） 大学

> 問 空所に入る適切な語句を 1 つ選べ。
> The five new employees are all of (　).
> ① aged　② an age　③ ages　④ the ages

＊文意は「5 人の新入社員はみんな同い年だ」。「a[an] が the same（同じ）の意味を表すことがある」という説明が，時々文法書の冠詞の項に載っています。その例として決まって出てくるのが，of an age（同い年だ）という表現です。しかし，a[an] のこの意味は，*OALD* や *LDOCE* などの英英辞典には載っていません。現代英語ではもはや廃れた用法と言っていいでしょう（必要以上に詳しい日本の英和辞典では，a をひくと最後の方にこの意味が載っています）。「彼らは同い年だ」は They are the same age. と言えばよく，a[an] のこんな用法は覚える価値がありません。こんな化石のような問題がいつまでも入試から絶滅しないから，受験生が無駄な勉強を強いられるのです。

◆ senior to ～（～より年上だ）大学

> 問 [ ]内の語句を並べ換えて英文を完成せよ。
> 私の妻は私よりも4歳年上だ。
> My wife is [to / by / years / four / me / senior].

＊正解は (My wife is) senior to me by four years. ですが，こんな文はまず使いません。senior・junior は年齢よりも「先輩・後輩」の関係を表すことが多く，たとえば職場で He is my senior. と言えば「彼は私の先輩です」という意味になります。また，senior to ～ by ... という形も不自然です。和文に対する普通の英訳は，My wife is four years older than me [I am]. でしょう。余計な書き換え練習によって，これ以外の不自然な形を覚える必要はありません。

◆最上級＋ but two（3番目に～）大学

> 問 [ ]内の語句を並べ換えて英文を完成せよ。
> これは日本で三番目に高い山です。
> This is [highest / the / two / but / mountain] in Japan.

＊筆者が尋ねたネイティブは，この問題を解くことができませんでした。(This is) the highest mountain but two (in Japan). という正解を示し，「but = except（～を除いて）」の意味だと説明しても，「こんな言い方はしない」とダメ出しされました。日本の文法書には時々このような形が載っていますが，ネイティブに解けないような問題は悪問でしょう。

◆ sleep a sound sleep（ぐっすり眠る） 大学

問 空所に入る適切な語句を1つ選べ。
The baby slept a sound ( ).
① voice　② cry　③ bed　④ sleep

＊出題者の想定した正解は④，文意は「その赤ちゃんはぐっすり眠った」です。sleep a sleep の直訳は「眠りを眠る」ですが，このような形（同族目的語）は非常に古風な表現であり，現代英語では使いません。The baby slept soundly. または The baby had a sound sleep. が普通の言い方です。出題者は古い文法書の中に見つけた sleep a sleep という表現を使ったのでしょう。しかし「この表現は実際にどのくらいの頻度で使われているのだろう」という疑問が起これば，現代ではインターネット辞書や Google の検索を使ってすぐに解決できます。その努力をしないのは怠慢というものです。

◆ it is needless to say ～（～は言うまでもない） 大学

問 与えられた語句を使って，指定の語数で英訳せよ。
健康が富に勝ることは言うまでもない。
[above / needless / that]（10 語）

＊慶應大・理工学部の問題（2001 年）です。正解は It is needless to say that health is above wealth. でしょうが，It is needless to say ～ は古臭い言い方であり，たとえば「ジーニアス英和辞典」には「通例いわない」と明記され

付録　入試に出題された悪問の例　　161

ています。より普通の言い方は Needless to say, health is above wealth.（言うまでもなく，健康は富に勝る）ですが，これも自然な英語とは言えません。needless to say は個別の事実について使うのが普通であり，たとえば OALD には The problem, needless to say, is the cost involved.（問題は言うまでもなく関連経費だ）という例が載っています。日本人が安直に決まり文句を並べただけの英文を作ると，往々にしてこのようなダメな結果を生みます。

（3）学習者の英語感覚を鈍らせる悪問
◆不自然な英語への感度の鈍さ 〔高校〕

> **問** 空所に入る適切な語句を1つ選べ。
> I saw a house (　) roof is red.
> ① that　② which　③ whose　④ what

＊正解は③，文意は「私は屋根が赤い1軒の家を見た」です。関係代名詞の whose は中学の学習範囲外ですが，私立高校の入試にはよく出ます。しかしこの問いはいただけません。完成した文（I saw a house <u>whose roof is red</u>.）が不自然だからです。自然な文は I saw a house <u>with a red roof.</u> です。「ヘンな英語」を入試問題から一掃するよう，関係者は細心の注意を払うべきです。そのためには出題者自身が，文法知識に加えて正しい英語感覚を身に付けねばなりません。

◆不自然な文への書き換え 高校

> 問 2文がほぼ同じ意味になるよう,空所に適切な語を入れよ。
> (a) Mr. White bought him a new CD.
> (b) Mr. White bought a new CD ( ) ( ).

＊正解は for him。文意は「ホワイト氏は彼に新しい CD を買ってやった」ですが,筆者に言わせればこれは悪問です。より自然な文 (a) を,不自然な文 (b) に書き換えることを求めているからです。書き換え問題では,このようなことがよく起こります。出題者が文法的な正しさだけに満足してしまい,英語としての自然さに目配せをしていない証拠です。

　【参考】(a) の方が自然なのは,文末に新情報（a new CD）が置かれているからです。(b) は a new CD to him が「新情報 – 旧情報」の配列になるので不自然です。p.148 を参照してください。

◆回りくどい文への書き換え 高校

> 問 2文がほぼ同じ意味になるよう,空所に適切な語を入れよ。
> (a) My father usually walks to his office.
> (b) My father usually goes to his office ( ) ( ).

＊正解は on foot。文意は「父はふだん歩いて職場へ行きます」。これも,より自然な文を不自然な文に書き換えさせる悪問です。「歩いて仕事［学校］へ行く」は walk to work [school] が最も普通の言い方で,これだけを覚えておけば十分です。on foot（徒歩で）は「乗り物を使わずに」とい

う意味を強調する場合には使えますが，せっかくシンプルに表現できている (a) の文を，長ったらしい (b) の文に書き換えることには意味がありません。

◆ニュアンスの違う文への書き換え 高校

> 問 ２文がほぼ同じ意味になるよう，空所に適切な語を入れよ。
> (a) Let's go on a picnic this weekend.
> (b) How ( ) ( ) on a picnic this weekend?

＊正解は about, going ですが，２つの文が持つニュアンスにはかなりの隔たりがあります。日本語訳は，(a) が「この週末にピクニックに行こう」，(b) が「この週末にピクニックに行くのはどうですか」。(a) は誘う表現，(b) は相手の意向を尋ねる表現です。両者を比べると，質問の形で相手に判断を委ねている (b) の方が穏やかな言い方です。このように会話では，それぞれの表現が持つ響きの違いを理解しておかないと，状況に応じた的確な使い分けができません。たとえば学生はよく「please をつけるとていねいな言い方になる」と誤解していますが，命令文に please をつけても意味は大して変わりません。相手に手伝ってほしいときに Please help me. と言ったら，「手伝ってよ」と命令しているのも同然です。相手に判断を委ねる疑問文の形を使って，Would you help me?（あなたは私を手伝う意志がおありですか）とか Could you help me?（あなたは私を手伝うことができますか）と尋ねるのがベターです。英語で話す

力をつけるためには、このようなレベルの知識が必要です。文法はあくまで「踏み台」であり、そこから高く跳ばなければ会話の力はつきません。

（4）実際に使われる英語への考慮が浅い悪問
◆文の意味が変わる書き換え① 高校

> 問 2文がほぼ同じ意味になるよう、空所に適切な語を入れよ。
> (a) She knows the writer of this novel.
> (b) She knows ( ) ( ) this novel.

＊正解は who, wrote でしょうが、2つの文は意味が違います。(b) は「彼女はこの小説を誰が書いたかを知っている」で、「作者の名前を知っている」という意味です。一方 (a) は「彼女はその小説の作者と面識がある」という意味を表します。〈know＋人〉を「名前を知っている」の意味で使うのは日本人がよく犯す誤りです。教師はそれを学習者に教える立場なのですが、自分で間違えているようではいけません。

◆文の意味が変わる書き換え② 高校

> 問 2文がほぼ同じ意味になるよう、空所に適切な語を入れよ。
> (a) My car is near the bridge.
> (b) The car near the bridge is ( ).

＊正解は mine ですが、英語の指導者ならこのような問いに疑問を感じてほしいと思います。一般に英語の文は、主

語についての新しい情報を相手に伝えることを目的とします。(a) は「私の車がどこにあるのかといえば、(君も知っているその) 橋の近くだ」という意味です。一方 (b) は「橋の近くにある (君も知っているその) 車は私のものだ」という意味です。2つの文は使う場面が全く違います。英語の表現力をつけるためには、これらの文の意味をそのような (情報構造の) 観点からとらえる必要があります。これらが同じ意味だと思っていては、話す力はつきません。

【参考】(a) では near the bridge が新情報、(b) では mine が新情報です。したがって最も強く読む語は、(a) では bridge、(b) では mine です。

◆厳密に適用されない文法規則 (1) (neither) 〔大学〕

問 下線部に誤りを含むものを1つ選べ。
Neither of his parents ①<u>are</u> very ②<u>good at using</u> the computer ③<u>although</u> he can use it ④<u>with ease</u>.

＊文意は「彼は容易にコンピュータを使うが、両親のどちらもそれを使うのがあまり上手ではない」。出題者は①の are を is に変えるべきだというつもりでしょうが、ちょっとネイティブに聞いてみるなり辞書をひくなりするべきでした。〈neither of + 複数名詞〉が主語のとき、動詞を単数で受けるのは堅苦しい言い方であり、口語では複数で受ける方が普通です。are はこのままでも問題ありません。

◆厳密に適用されない文法規則 (2)（as well as）　大学

問 空所に入る適切な語句を1つ選べ。
Taro, as well as his sister, (　) absent from school last week.
① has been　② have been　③ was　④ were

＊文意は「太郎は妹と同様に先週学校を休んだ」。出題者の想定した正解は③で、「主語は Taro で単数だから、動詞は単数で受ける」ということでしょう。筆者はこの問いをネイティブに解いてもらいました。彼は最初、④を選びました。「③が正しいのではありませんか」と尋ねると、「ん？ちょっと待って…うん、そうだね、正解は③だ。でも④も間違いじゃないよ」と言いました。次の例も同様です。

◆厳密に適用されない文法規則 (3)（the number of）　大学

問 空所に入る適切な語句を1つ選べ。
The number of applications (　) increasing.
① keeps　② are　③ keep　④ to be

＊文意は「出願の数が増え続けている」。出題者の想定した正解は①ですが、ここでも②を使うネイティブが多くいます。理屈から言えば主部（the number of applications）の中心となる語は単数形の number（数）なので動詞は単数で受けるべきですが、直前の複数形（applications）につられて、特に be 動詞は複数で受けることも多いのです。the number of に続くフレーズが長い（かつその最後の語が複

付録　入試に出題された悪問の例　167

数形である）ほど，この傾向が強くなります。

　これらの例からわかるとおり，「主語と動詞の一致」という文法規則は，実際には必ずしも厳密に適用されるわけではありません。それでもコミュニケーションは成り立つのだから，この知識にあまりこだわるのは考えものです。

◆文法的には正しくても慣用的に問題がある形(1) 高校

> 問 空所に入る適切な語句を1つ選べ。
> Since he is very rich, he has ( ) furniture in his house.
> ① much　② many　③ a few　④ hundreds of

＊正解は①で，文意は「彼はとても金持ちなので，家に多くの家具を持っている」です。しかし，この文でmuchを使うのは堅苦しい言い方であり，a lot ofの方が普通です。話し言葉では，肯定文中ではmuchは使わないと覚えておいてよいでしょう。高校生向けの学習参考書にも書いてある知識です。

◆文法的には正しくても慣用的に問題がある形(2) 高校

> 問 2文がほぼ同じ意味になるよう，空所に適切な語を入れよ。
> (a) Playing the piano is fun for me.
> (b) ( ) ( ) the piano is fun for me.

＊正解は To, play。文意は「ピアノをひくことは私には楽しい」です。(b)の To play のように「～すること」の意味の不定詞で文を始める形は，今日の英語ではほとんど使わ

168

れません。<u>It</u> is fun for me <u>to play</u> the piano. が普通の言い方です。繰り返しますが，入試の出題者や教師には，学習者に対して不自然な英語を極力示さないようにしてもらいたいものです。

(5) 実際に使われる状況への想像力が乏しい悪問
◆会話の状況が想像しづらい文 (1) 高校

> 問 日本文の内容を表す正しい英文を1つ選べ。
> 村上春樹の本を貸してくれてありがとう。
> ① Thank you for borrowing the book writing Murakami Haruki me.
> ② Thank you for lending the book by Murakami Haruki to me.
> ③ Thank you for lending the book writing by Murakami Haruki for me.

＊正解は②ですが，こんな文を使う状況は実際にはまずないでしょう（あったとしても和文の意味にはなりません）。聞き手は，自分が貸した本なのだから当然作者が村上春樹であることは知っています。だとすれば話し手は，いちいち「村上春樹の本」と説明する必要はないでしょう。Thank you for lending me the book.（本を貸してくれてありがとう）と言えば十分です。

　【参考】②の文が使われる状況があるとすれば，それは「村上春樹の本を（他の人ではなく）私に貸してくれてありがとう」と言いたい場合です。文の最後にある to me が新情報であり，me を

強く読みます。「村上春樹（の本）」が新情報なら，lending <u>me</u> the book by Murakami Haruki が自然な語順です。

◆会話の状況が想像しづらい文 (2) 高校

> **問** [ ] 内の語を並べ替えて英文を完成せよ。
> Who [at / the woman / store / shopping / is / the]?

＊正解は (Who) is the woman shopping at the store?。文意は「店で買い物をしている女性は誰ですか」です。これを悪問と呼ぶのは酷かもしれませんが，どんな状況かを考えることには意味があると思ったので引用しました。この文からは，次の２つの状況が想像できます。

　①店で買い物をしている女性は１人しかいない。
　②相手がその女性の名前を知っていると質問者は考えている。

この２つの条件を満たす状況はかなり特殊だと思いますが，さらに問題なのは「質問者は相手の視線を女性に向けようとしているのか」ということです。たとえば質問者がある店を指差して，「店で買い物をしている（あの）女性は誰ですか」と隣にいる相手に尋ねる場合は，the woman でなく that woman と言うのが普通です。この文が使われる状況として一番ありそうなのは，絵や写真を使った英語の授業やテスト中の質問としてでしょう。

◆会話の状況が想像しづらい文 (3) 高校

> 問 下線部が誤っているものを1つ選べ。
> I will ① leave from my town ② for the park ③ which I ④ found on a map.

＊正解は①で，from は不要です。訳すと「私はある地図で見つけたその公園に向けて町を出発するつもりだ」となりますが，いったいどんな状況でこの文が使われるのか（話し手は町を出て公園へ何をしに行くのか）見当がつきません。ネイティブに尋ねてみましたが，予想通り I have no idea.（わからない）という答えが返ってきました。

◆意味的に不自然な文 (1) 高校

> 問 与えられた語を並べ替えて英文を完成せよ。
> 2月は何日あると思いますか。
> [think / days / you / how / has / many / February / do / ?]

＊正解は How many days do you think February has? ですが，これは誰に対して発する質問なのでしょうか。2月が何日あるかくらい，小学生でも知っています。仮に幼稚園児に尋ねるとしても，do you think ではなく do you know でしょう。2月が何日あるかは単なる事実であって，「考える」ようなことではありません。しかし出題者は，Do you know how many days February has? では簡単すぎると思って know を think に変えたのでしょう。このよ

付録　入試に出題された悪問の例　171

うに内容をおろそかにして形だけをこねくり回すような悪問を，日本人の出題者は作りがちです。

◆意味的に不自然な文 (2) 高校

> **問** 空所に入る適切な語句を1つ選べ。
> She is the girl (　) has blue eyes.
> ① which　② whose　③ who

＊正解は③ですが，出題者はこの文の意味をどこまで理解しているでしょうか。たぶん「彼女は青い目を持つ少女だ」という訳文以上のことは考えていないでしょう。しかし，その意味を表す普通の文は She has blue eyes. または She is a blue-eyed girl. です。

【参考】the は旧情報を表すので，She is the girl who has blue eyes. は「彼女が（あなたも知っている［既に話題に出ている］）その青い目を持つ少女だ」という意味に解釈されます（She を強く読みます）。あるいは，目の色が違う3人の少女の写真を見ながら Who is Mary? という質問をした人に対して，She is the girl who has blúe eyes. と（blue を強く読んで）答えるような状況も考えられます。

◆意味的に不自然な文 (3) 大学

> **問** [ ]内の語句を並べ換えて英文を完成せよ。ただし，不要な語句が1つ含まれている。
> 私は英作文の間違いを友達に直してもらいました。
> I [the errors / correct / had / be corrected / my English composition / in / my friend].

＊正解は (I) had my friend correct the errors in my English composition. ですが，失礼な言い方です。〈have＋人＋原形不定詞〉の形は「業者や専門家などに（当然の権利として）〜してもらう」という意味を表し，たとえば客がお金を払って店員に何かをしてもらうような場合に使います。I had my friend correct the errors だと「友達に命じて間違いを直させた」というニュアンスになります。「友達に頼んで直してもらった」と言いたいのなら，I got my friend to correct the errors の方が普通です。「have＋人＋動詞の原形＝〈人〉に〜してもらう」という底の浅い覚え方しかしていない（受験生と同レベルの知識しか持っていない）出題者は，こういう間違いを犯します。

(6) 出題者の軽率さによって別解が生じる悪問
◆どちらが間違っているとも言える文 (1)　大学

> 問　下線部が誤っているものを1つ選べ。
> ① Although music may sound different ② depends on the culture, ③ we may say ④ music is a universal language.

＊出題者の想定した正解は②でしょう。depends を depending に変えれば，「音楽は文化によって異なった響きを持つかもしれないが，音楽は普遍的なことばと言ってもよい」という正しい文になります（depending on 〜＝〜次第で）。しかし，①をたとえば Although how music sounds と変えても「音楽がどのように聞こえるかは文化に

左右されるが〜」という正しい文ができます。「別の選択肢も正解になる可能性がないだろうか」と慎重に検討する配慮を書くと，このようなミスが起こります。出題者には英語の力だけでなく実務的なセンスも求められるという例です。

◆どちらが間違っているとも言える文(2) 大学

問 誤りを含む箇所を1つ探し，正しい語句を答えよ。削除する場合は×を記せ。

①Her age ②is ③about twenty five ④years old.

＊質問のしかたが悪い例です。出題者が想定した正解は次のどちらでしょうか。

(1) ①が正解。Her age を She に訂正する。

(2) ④が正解。これを削除する。

どちらかを選べと言われれば (1) でしょう。Her age is about twenty five. は非常に不自然です。しかし文法的には成り立つので，「①と④の両方が正解になりうる」と言えます。

◆2つの並べ替えが成り立つ文 (1) 大学

> 問 与えられた語句を並べ替えて英文を完成するとき、4番目にくるものを答えよ。
>
> 日本では、レストランが特定の料理を専門とすることは、ごく一般的である。
>
> (　)(　)(　)(＊)(　)(　)(　) specialize in a particular dish.
>
> ① common　② for　③ in Japan　④ it's
> ⑤ quite　⑥ restaurants　⑦ to

＊ In Japan it's quite <u>common</u> for restaurants to ... と It's quite common <u>for</u> restaurants in Japan to ... の2つの並べ方があるので、①も②も正解です。出題者の配慮不足です。

◆2つの並べ替えが成り立つ文 (2) 大学

> 問 与えられた語句を並べ替えて英文を完成せよ。
>
> 新薬販売の許可がおりた。
>
> Permission is [given / medicine / for / of / sale / the / new].

＊これも同様に配慮不足です。(Permission is) given for sale of <u>the</u> new medicine. と (Permission is) given for <u>the</u> sale of new medicine. の両方が可能です。

◆2つの選択肢が正解となる文 (1) 大学

> 問 空所に入る適切な語句を1つ選べ。
> That horse was the most beautiful creature (　) ever seen.
> ① who I have　② who I had　③ that I have
> ④ that I had

＊時制の一致は，学習者だけでなく教師の中にも誤解している人が多い文法項目です。出題者が想定したこの問いの正解は④でしょう。文意は「あの馬は私がそれまでに見た最も美しい生き物だった」となります。しかし，話し手が馬を見たのが最近のことであり，「あの馬は私が今までに見た最も美しい生き物だった」という意味の文を作りたいのなら，当然③も可能です。

◆2つの選択肢が正解となる文 (2) 大学

> 問 空所に入る適切な語句を1つ選べ。
> He (　) his father.
> ① is resembling　② is resembled to
> ③ resembles with　④ resembles

＊出題者の想定した正解は④でしょう（文意は「彼は父親に似ている」）。しかし①も別解として成り立ちます。出題者は「resemble は状態動詞だから進行形にできない」と思ったのでしょうが，resemble が「徐々に似てきている」という意味の進行形にできます。どの英和辞典にも書いてある知識です。

（7）瑣末な知識を問う悪問

◆利用価値の低い文を作らせる書き換え 　高校

> 問 2文がほぼ同じ意味になるよう，空所に適切な語を入れよ。
> (a) Tom is the tallest of all the boys in his class.
> (b) No ( ) boy in his class is taller than Tom.

＊正解は other で，どちらの文も表す事実は「トムはクラスで一番背の高い男子だ」です。しかし，こんな問題を出すのは絶対にやめてほしいと切に願います。(a)(b) の意味を表すには，中学生だろうと一般社会人だろうと，Tom is the tallest boy in his class. という文が作れれば十分です。(b)（他のどの男子もトムほど背が高くない）のような回りくどい言い方をする必要がどこにあるというのでしょうか。(b) のような形を知っておくことはリーディングでは役に立つので，学習すること自体に意味がないとは言いません。しかし (b) 型の文は読んで理解できれば十分であり，それを書かせようとするのが問題なのです。このことは，分詞構文など多くの書き換え問題についても当てはまります。

◆「こだわりすぎ」の出題者(1) 　大学

> 問 空所に入る適切な語句を1つ選べ。
> Mt. Fuji is higher than any ( ) in Britain.
> ① mountain　　② mountains
> ③ other mountain　④ other mountains

＊出題者の想定した正解はおそらく①でしょう。文意は「富

士山はイギリスのどの山よりも高い」。ひねくれた問題です。〈比較級 + than any other ～〉の形は私立高校を受験する中学生でも知っていますが、この問いでは③は選べません。in Britain が in Japan なら「富士山は日本の<u>他の</u>どの山よりも高い」と言えますが、富士山はイギリスにあるわけではないので「イギリスの<u>他の</u>山よりも」は不自然です。だから other は余計です。そこまではいいのですが、この出題者の頭の中には「any の後ろには単数形の名詞を置かねばならない」という思い込みがあります。しかし実際には複数形も使われるので、②でも正解になります。

◆「こだわりすぎ」の出題者 (2) 大学

> 問 空所に入る適切な語句を1つ選べ。
> It may not be easy for you to break the (　) of smoking, but you must try.
> ① custom　② manner　③ practice　④ habit

＊出題者の想定した正解は④でしょう。文意は「君が喫煙の習慣をやめるのは容易ではないかもしれないが、君はやってみなければならない」です。語法的には「habit は個人的習慣に、custom は社会的習慣に使う」という説明が一般的ですが、両者の区別はそれほど厳密ではない場合もあります。筆者がネイティブに尋ねたところ、「③の practice（活動）も正解。①の custom も許容される」とのことでした。この種の問題を作る際には、出題者はネイティブに確認す

るか,コーパスなどで実際の使用頻度を確かめるべきです。概して言えば,日本人教師が「誤り」だと思っている英語表現の多くは,実際にはしばしば許容されます。微妙な語法の違いを問う問題や正誤判定問題に「解答不能の悪問」が生じやすいのはそのためです。

◆「こだわりすぎ」の出題者 (3) 大学

> 問 空所に入る適切な語句を1つ選べ。
> It is only a five ( ) walk from my dormitory to the classroom.
> ① minute ② minute's ③ minutes ④ minutes'

＊出題者の想定した正解はたぶん①でしょう。文意は「私の寮から教室までは歩いてわずか5分だ」です。こんなものは「どうでもいい知識」の典型であり,①だけが正しいわけではありません。筆者が尋ねたネイティブは「③でも④でもOK」と答えました。なお,③と④は口に出して言えば同じになります。①のようにminuteを単数形にして書くときは,a five-minute walk とハイフンでつなぐ方が普通です。

◆「こだわりすぎ」の出題者 (4) 大学

問 下線部に誤りを含むものを1つ選べ。ただし誤りがない場合もある。

①<u>My friend John</u> is very heavy ②<u>as well as</u> tall, ③<u>just as</u> his father ④<u>in his early 20s</u>.

＊1998年度の早稲田大（人間科学部）の問題です。文意は「友人のジョンは背が高いだけでなくとても体重が重く，ちょうど彼の父親の20代前半の頃と同じくらいだ」となります。当時，全国の大学の入試問題を1冊にまとめた「入試問題正解」という本が2つの出版社から出ていました。この問いに対しては見解が分かれており，一社は「誤りなし」，もう一社は「④が誤り。20sをtwentiesに直す必要がある」としていました。筆者がネイティブに尋ねたところ，「20sは書き言葉では好ましくないが，間違いとは言えない」という答えが返ってきました。出題者がどういうつもりでこの問題を出したのか，意図を聞きたいところです。一般論として言えば，「誤りがない場合もある」という出題のしかたは好ましくありません。出題者が正解だと思っている答えは，（この問いのように）単なる個人的な思い込みにすぎないかもしれないからです。言葉というものは人によって使い方が違います。日本語でも「食べれる」という言い回しを許容する人と「『食べられる』でなければならない」と言う人がいます。ネイティブ同士の間でも，ある表現が正しいか誤りかの判断はしばしば異なります。正誤判定形式

の問いは，誰が見ても明らかな誤りを尋ねるか，さもなければ少なくとも正解を公表してもらいたいものです。

(8) その他の悪問

話の種として，筆者が作っている「入試問題悪問データベース」から，取っておきの問題をいくつかご紹介します。

◆一般常識を知らない出題者 〔大学〕

> 問 空所に入る適切な語句を1つ選べ。
> 大阪は日本で2番目に大きい都市である。
> Osaka is ( ) city in Japan. （選択肢は省略）

＊近畿地方のある私大の問題（2001年）です。大阪はずいぶん前から日本で3番目の都市で，2番目は横浜です。最近の大学生は就職時にSPIという一般常識テストを受験させられます。出題者は大学生でなくてよかったですね。

◆英語を知らない出題者 〔大学〕

> 問 空所に入る適切な文を1つ選べ。
>
> A: Would you like to open the window, please?
> B: ( )
> ① No.　　② No, thank you.　③ OK.
> ④ Yes, please.　⑤ Yes, thank you.

＊これはなかなかの「傑作」です。最初の文は，依頼でしょうか，それとも質問でしょうか。「窓を開けてくれませんか」

と言いたいのなら，Would you please open the window? が正しい表現です。それなら③が正解でしょう。「あなたは窓を開けたいですか」なら（変な質問ですが）please は余計です。その場合は①が正解でしょうが，いずれにしても1つ目の文は英語になっていません。出題者は普段からこんな英語を使っているのでしょうか。ちなみに次の問いも同じ大学の問題です。

◆思い込みの激しい出題者　大学

> 問 空所に入る適切な文を1つ選べ。
> A: It's my birthday today.
> B: (　)
> ① OK.　② Yes, thank you.　③ Oh, is it?
> ④ Oh, did you?　⑤ Me too.

＊「今日は私の誕生日です」という発言に対してどう答えるか？という問いです。出題者の想定した正解は③でしょうが，これだけの文脈なら①でも正解です。Aが何かプレゼントをねだっているとBが解釈して「わかった（何か買ってやるよ）」と答えている状況です。Aの意図を察してBがジョークで切り返すなら②や⑤もOKです（もちろん2人の誕生日が一致している場合も⑤が使えます）。この出題者は相当に思い込みが激しい人のようです。

◆弘法（？）も筆の誤り 大学

> 問 下線の語を，与えられた文字で始まる正しい語に訂正せよ。
> 息子は有名な野球選手のサインをもらって大よろこびです。
> My son was glad to have the <u>sign</u> of a famous baseball player. ("s")

＊ちょっと古い例ですが，早稲田大学の問題です（1992年・文学部）。出題者の想定した正解は signature ですが，これは契約書などにする「署名」のこと。有名人のサインは autograph です。この「息子」はスポーツ選手の契約を代行するエージェントでしょうか。

◆大学入試の歴史に残る（？）悪問 大学

> 問 aとbの英文につき，文法的に正しいものを選べ。もし，aもbも正しければaとbの両方を，aもbも誤りならばcをマークせよ。

> a. I've already GIVEN Chris it.
> b. I've already GIVEN Chris that.
> （GIVEN が大文字になっているのは，これが文中で最も強く発音されることを示す）

＊これも早稲田大学の問題です（2001年・教育学部）が，はっきり言って出題者の人格を疑います。筆者が英米2人のネイティブに尋ねたところ，両者とも「どちらも正しい」と答えました。ここまで細かい制約をつけておいて「aもbも正しい」ということはないでしょうが，正解が公表され

ないので出題者の意図は不明です。

　ただ，どんなプロセスと動機でこの問いが作られたかは想像できます。たぶん出題者は，どこかの文法書（外国の文献）でこの例と文法的説明を発見したのでしょう。それをそのまま引き写したに違いありません。動機はたぶん「誰も解けないような難しい問題を入れたい（そうしないと得点差がつかない）」ということでしょう。もしそうだとすれば，この出題者は「試験の目的は知識を問うことだ」という当たり前の常識さえ持っていないことになります。まじめに勉強してきた受験生をバカにしているとしか言いようがありません。さらに悪いことに，出題者が想定したこの問いの正解は，おそらく言語的事実に反しています。完全無欠の悪問と言ってよいでしょう。

　「事故の可能性がゼロでないのなら原発を全廃すべきだ」という意見に賛同しない人も多いでしょうが，本書で筆者が主張していることは本質的にそれと同じです。ここに示したような愚かな入試問題がいつまでたってもなくならないのなら，私立の大学・高校の入試から文法問題を一掃する方が，長い目で見ればベターだと思います。

● 著者略歴

佐藤 誠司（さとう せいし）
東京大学文学部英文科卒。広島県教育委員会事務局，私立中学・高校教諭，予備校講師などを経て，現在は（有）佐藤教育研究所を主宰。英語学習全般の著作活動を行っている。著書に「入試英文法マニュアル」（南雲堂），「英作文のためのやさしい英文法」「高校生のための英語学習ガイドブック」（いずれも岩波ジュニア新書），「〈対訳つき〉シャーロック・ホームズの冒険」（PHP 文庫）など。共著書に「アトラス総合英語」（桐原書店），「中学英語を5日間でやり直す本」「英語力テスト 1000」（いずれも PHP 文庫），「超整理！新 TOEIC テストビジュアル英単語」（ジャパンタイムズ）など。
広島県福山市在住。

著作権法上、無断複写・複製は禁じられています。

英語教育村の真実

	2013 年 7 月 25 日	1 刷
著 者 ―	佐藤 誠司	Seishi Sato
発行者 ―	南雲 一範	
発行所 ―	株式会社 南雲堂	

〒162-0801　東京都新宿区山吹町 361
TEL　03-3268-2311　　　　FAX　03-3269-2486
振替　00160-0-4686

印刷所／木元省美堂　　　　　　　　　製本所／松村製本所

Printed in Japan　　乱丁・落丁本はお取り替えいたします。
ISBN978-4-523-26519-1　　C0082　　　　　　　　[1-519]

E-mail　　nanundo@post.email.ne.jp
URL　　　http://www.nanun-do.co.jp

英語・英文法
自宅学習用教材

スピードラーニングで効果抜群！

小池直己・佐藤誠司 共著

実践英文法FOCUS フォーカス

A5判　ページ数：304　定価1365円（本体1300円）　フルカラー
ISBN 978-4-523-25151-4

別売ワークブック有
『5分間実践英文法』　定価735円

TOEIC，TOEFL，あらゆる資格試験の英文法問題に対応する英語力をつけるために頻出度の高い問題を中心に重点的に解説を試みた。見開き構成で学習がスピードアップ。フルカラーで読んで納得の解説が充実している。

目次
Unit 1 動詞（1）／Unit 2 動詞（2）／Unit 3 不定詞（1）
Unit 4 不定詞（2）／Unit 5 分詞（1）／Unit 6 分詞（2）
Unit 7 動名詞（1）／Unit 8 動名詞（2）／Unit 9 代名詞（1）
Unit 10 代名詞（2）／Unit 11 関係詞（1）／Unit 12 関係詞（2）
Unit 13 前置詞（1）／Unit 14 前置詞（2）／Unit 15 接続詞・時制（1）
Unit 16 接続詞・時制（2）／Unit 17 形容詞（1）／Unit 18 形容詞（2）
Unit 19 副詞（1）／Unit 20 副詞（2）／Unit 21 比較（1）
Unit 22 比較（2）／Unit 23 助動詞／Unit 24 受動態／Unit 25 仮定法
Unit 26 話法／Unit 27 名詞・冠詞（1）／Unit 28 名詞・冠詞（2）

南雲堂　〒162-0801　東京都新宿区山吹町361　TEL 03-3268-2384　FAX 03-3260-5425
URL http://www.nanun-do.co.jp

語源学習書の決定版!!

語源中心英単語辞典

田代正雄 著

四六判　370ページ　定価（本体 2,000 円＋税）

これ一冊で英単語約 5000 語が身につきます。

100 の接頭語、118 の接尾語、240 の語根をとりあげ、潜在する語彙力の強化を狙う活用辞典。
大学生、予備校生、社会人に大好評！

南雲堂

大学英語テキストで大ヒットを飛ばし続ける教材開発のカリスマ、A・ベネット氏渾身の2冊！

アンドル・ベネット著
A5判 288ページ 定価(本体1,500円＋税)

ベネット先生の
イラスト付き
語源で一気にマスター英単語
＜接頭辞・接尾辞まとめ編＞

アンドル・ベネット著
A5判 256ページ 定価(本体1,400円＋税)

ベネット先生の
イラスト付き
語源で一気にマスター英単語
＜語根まとめ編＞

● 音声フリーダウンロード付き ●

- ◉ 単語学習効果に定評のある語源中心の英単語集です。
- ◉ 学習効率向上のためのイラストを効果的に配置！
- ◉ 実績のあるネイティブによる例文の提示！
- ◉ 学習に便利な赤色暗記シート付き！

南雲堂